미라클 루틴

미라클 루틴
나에게는 건강한 루틴이 필요해

초판 1쇄 발행 2021년 10월 15일

지은이 염혜진
편집인 옥기종
발행인 송현옥
펴낸곳 도서출판 더블:엔
출판등록 2011년 3월 16일 제2011-000014호

주소 서울시 강서구 마곡서1로 132, 301-901
전화 070_4306_9802
팩스 0505_137_7474
이메일 double_en@naver.com

ISBN 979-11-91382-07-5 (03320) 종이책
ISBN 979-11-91382-57-0 (05320) 전자책

미라클 루틴

나에게는
건강한 루틴이
필요해

———

염혜진 지음

더블:엔

● 조성희 대표 (마인드파워 스페셜리스트, 《더 플러스》 저자)

처음 보았던 그녀와 지금의 인생약사 염혜진 작가는 완전히 다른 사람
이다.

그녀는 자신이 당당하게 선택한 인생을 살기로 선언했고, 그 인생을 살
고 있는 진정한 롤모델이다.

세상에 꿈을 가진 사람은 많다. 그러나 명확하게 자신이 원하는 것을
찾아가고, 선언하고, 기꺼이 그 꿈을 위해 행동하는 사람들은 그리 많
지 않다. 하루 하루의 '점'을 찍어 '면'으로 승화시키고 있는 그녀는 이
책에서 자신의 시행착오를 통해 발견한, 누구나 매우 쉽게 변화할 수
있는 방법을 제시하고 있다.

나를 위한 건강한 루틴을 조금만 바꿔도 삶에서 일어나는 결과는 놀라
울 정도로 바뀐다.

13년째 마인드파워 교육을 이어오며, 삶을 힘겨워하는 수많은 사람들
이 마인드파워로 인생 반전을 이루는 모습들을 지켜보았기에 당신이
매일 찍는 '건강한 루틴'이 삶을 '걸작'으로 바꿀 것임을 확신한다.

빠르게 변하는 세상에서, 힘겹게 느껴지는 내 앞에 닥친 현실 속에서도
이 책에서 제시하는 '인생약사가 드리는 마음 처방전 9가지'를 실천한
다면 이전과는 완전히 다른 당신만의 빛나는 삶이 펼쳐질 것이다.

● 송수용 대표 (DID 마스터, 《내 상처의 크기가 내 사명의 크기다》 저자)

많은 사람들이 삶의 무게를 견디지 못해 내게 코칭을 받으러 온다. 사실 그들이 원하는 꿈을 이루려면 스스로 작은 것부터 실행을 해야 하는데 그들은 실행이 아니라 원망을 하고 있었다.

염혜진 작가의 책을 읽으며 너무나 기뻤다. 그들에게 어디서부터 어떻게 시작하면 될지 쉽고 편안하게 힌트를 주는 알곡같은 내용들이 가득했기 때문이다.

인생과 세상의 파도에 힘겨워하는 이들이 이 책을 읽고 다시 용기와 희망을 회복해 자신만의 진정한 행복을 찾을 수 있는 작은 루틴을 시작한다면 그들은 분명히 염혜진 작가가 누리는 소중하고 확실한 행복을 체험하게 될 것이다.

● 김연수 대표 (전 동서울대학교 교수, 《미라클 베드타임》 저자)

저자는 남들이 부러워하는 외적 조건을 가졌다. 그럼에도 대한민국에서 기혼여성으로 살아가는 삶은 여전히 녹녹치 않음을 보여준다.

이 책에는 본인이 처한 현실 속에서 매일 할 수 있는 일을 꾸준히 반복하며 삶의 모든 영역을 골고루 성장시켜나간 저자의 지혜와 노하우가 가득 담겨있다. 인생약사가 따뜻하게 건네주는 마음 처방전을 받아들고 병이 더 깊어지기 전에 조기치료 받는 독자들이 많아지면 좋겠다는 생각을 했다. 삶의 균형을 유지하며 자기다운 성장을 원하는 모든 분들께 일독을 권한다.

들어가며

인생이란 정글에서
고군분투하는 동지들에게

대학만 가면, 취직만 하면, 전문직만 얻으면, 결혼만 하면…
모든 행복이 내게 찾아올 줄 알았다.

그러나 대학을 졸업하고, 대기업 마케터가 되어도, 다시 공부
해서 약사가 되어도, 사랑하는 사람을 만나 결혼을 했는데도 별
로 행복하지 않았다.

아니, 오히려 수시로 우울했다.

20대 중반까지 학생이라는 신분으로 부모님과 함께 살았다.
그러면서 나는 인생을 어떻게 살아갈 것인지 제대로 생각해보지
않았다. 학교 공부를 잘한 것과 인생 공부를 잘하는 것은 전혀
다른 문제였다. 졸업 후 사회에 나와서 돈도 벌고, 연애도 해보
면서 비로소 삶을 살아간다는 것의 의미를 조금씩 알게 되었다.

첫 소개팅에서 처음 본 남자가 "너는 온실 속 화초 같다"고 말했을 때도 크게 기분이 나쁘지 않았다. 그때까지의 나는 '삶은 조용한 꽃밭'이라고 여겼기 때문이다.

나는 친구들보다 결혼을 늦게 했다. 그렇게 한 사람의 아내가 되었고, 늦은 임신과 출산을 통해 축복처럼 두 아이를 얻고 엄마가 됐다. 그리고 육아 휴직과 출산 휴가를 빼면 쉬지 않고 일했다. 직장 생활 17년, 마케터로 살았던 2년을 빼고 약사라는 직업으로 살면서 일한 시간 15년 중 10년을 워킹맘으로 살았다.

그런데 어느 순간 눈을 떠보니 나는 꽃밭이 아닌 정글 속에서 살고 있었다. 직장 일은 매 순간 나를 지치게 했다. 육체적으로도 힘들고, 정신적으로도 힘들었다. 육아도 힘들고, 집안일은 끝이 없으며, 우리 아이는 육아서에 나오는 아이와 달랐다.

육아가 쉽다는 엄마들을 보면서, '내 모성에 문제가 있나?' 자책도 많이 했다. 매 순간 힘들다는 말만 반복했다. 일, 육아 양쪽 어디에서도 나 스스로 잘하고 있다는 느낌보다는, 내가 힘을 짜내서 애쓰고 버티고 있다는 생각만 들었다.

내가 생각했던 완벽한 나의 세상은 조금씩 허물어지고 있었다.

힘들지 않은 척 늘 직장에서 밝게 웃고 떠들어도 마음은 점점 피폐해져 가고, 퇴근 후 집에서 아이를 보는 순간에도 기쁨보다 한숨만 늘었다.

내 인생에 결혼만 아니었다면…
내 인생에 아이들만 없었더라면…
내 인생에 남편만 아니었으면…

결혼 전에는 '좋은 남자 만나 결혼해서 아이 둘 낳고 살면 행복하겠지' 라는 믿음이 있었다. 그때를 생각하면 나는 그 꿈을 이루고 살고 있는데도 불구하고, 불평과 불만이 가득한 사람이 되어버렸다.

지금 아이가 있든 없든, 당신이 속한 곳이 어디든 삶에서 문제는 끊임없이 나타난다.
당신이 인생이란 정글에서 느끼는 불만과 불편함.
그 불만이 내 가족과 외부 환경을 향해 있고, 스스로 무엇인가 잘못되고 있다고 느낀다면 이제 진실로 자신의 내면을 바라봐야 한다.

나는 일도 하고 아이도 키우면서 사는 게 힘들다고 늘 불평했다. 누군가는 그렇게 힘들면 당장 일을 관두면 되지 않느냐고 쉽게 말했다. 하지만 나는 사람들에게서 에너지를 얻고 일하면서 보람도 느낀다. 내 브런치 필명이 '에너지 드링크'다.
또 내가 집안 경제에 일조하는 부분도 무시할 수 없다.

한마디로 나란 여자는, '현실과 타협하기에는 너무 이성적이지만 감정적으로 누군가에게 사랑과 위로를 갈구하는' 그런 평범한 인간이다.

이런 평범한 내가, 정글 같은 세상에서 길을 잃고 방황하다가 무엇인가를 시작하고 인생이 서서히 바뀌었다. 너무 작게 시작했고 삶에 스며들 듯 시도해서 나조차도 내가 무엇을 하는지 몰랐다.

그런데 깨닫고 보니 나는 일상의 작은 반복을 무수하게 꾸준히 해내고 있었다.

나를 위한 좋은 루틴들이 쌓여 나를 점점 더 좋은 인생으로 데리고 가고 있다.

과거의 나는 병원에서 일하는 평범한 약사이자 아이 둘의 엄마였다.

하지만 지금은 사내 독서모임 운영자, 브런치 작가, 마인드파워 코치, 강의자, 인생 번영회라는 프로그램의 운영자도 하고 있다. 3년 전의 나로서는 감히 상상할 수 없는 일들이 내 삶에서 일어나고 있다. 심지어 몸이 더 바빠졌는데도 마음은 예전보다 더 풍요롭다.

이 책은 브런치 필명 '에너지 드링크'인 나의 에너지 관리법이자 나를 덜 지치게 하는 내 삶의 루틴들을 소개한다.

나의 바람은 이 책을 읽은 독자가 그 내용을 자신의 삶에 적용해보고, 작은 기적을 맛보는 것이다.

인생이라는 정글에서 고군분투하고 있는 동지 여러분!
여태 잘 살아왔어요!
한 번뿐인 내 인생, 우리 더 멋지게 삽시다!

차___례

PART 1

정글

입장하시는 순간
'시간 거지'가 되셨습니다

아이가 싫었던 여자,
두 아이의 엄마가 되다

나의 30대 초반은 질풍노도의 시기였다. 10대에 사춘기도 겪지 않았고, 20대에 취직으로 고민하지도 않았다. 그러던 내가 30대에 방황하게 될 줄 몰랐다.

첫 직장에서 일과 인간관계에 지쳤고, 그것을 계기로 다시 공부했다. 마음을 먹고 공부해 약학대학에 편입했고 졸업을 했다.

딱 거기까지는 내가 마음을 먹으면 뭐든 이룰 수 있다는 자부심이 있었다. 그때까지 내 삶은 늘 내가 원하는 대로 굴러갔다.

하지만 다시 공부하여 약사가 된 후 맞이한 나의 30대 목표는 엉뚱하게도 '결혼'이었다. 다시 공부해서 졸업했기에 집에서는 공부하느라 들인 돈을 생각해 어서 빨리 돈 벌기를 바라셨다. 하지만 내 머릿속은 '어떻게 하면 돈을 더 벌까?' 보다 '어떻게 하면 결혼을 할까?' 라는 생각으로 가득했다.

20대에 남자친구를 사귀어본 적은 있지만, 그냥 가볍게 만나는 사이로 끝났고, 3개월 이상 한 사람을 만난 적이 없었다. 누군가를 만난다는 것 자체가 귀찮았고 진득하게 사랑할 만큼 좋아했던 사람도 없었다. 한마디로 나는 모태 솔로였다.

그런 내가 연애도 아니고 결혼을 하려고 하니 일단 뭐부터 해야 할지 몰랐다. 공부만 했지 사람을 사귀고 알아가는 방법을 모르니 막막하기만 했다.

그나마 공부했던 방법을 떠올려 연애를 책으로 배웠다. 연애 서적을 가득 사서 읽어보고 심리에 관해서도 공부했다. 그런데 책으로 배운 연애는 현실과 아주 달랐다.

갑자기 잘 만나다가도 연락이 안 돼서 혼자 걱정을 한 사람이 있었다. 나중에 알고 보니 그는 그냥 나를 만나기 싫어서 연락을 끊었던 거였다. 또 상대가 나를 좋다고 하는데도 내 마음이 안 가는 사람도 있었다. 만나자마자 부모님은 뭘 하시는지 집은 어디인지 물어보며 내 경제력을 파악하려는 사람도 있었다.

공부라는 건 정답이 있는데, 도대체 남자들은 왜 그런 행동을 하는지 이유도 모르겠고 정답이 없었다. 그러니 누군가를 만나도 관계가 3개월 이상 지속되지 않았다.

처음에는 부모님의 지인들이 주변 사람들을 추천해주셨고 점점 만날 만한 사람도 줄어들었다. 내 주위 사람들은 금방 만나서 서로 반하고 결혼도 쉽게 하는데, 나는 왜 이럴까 자책도 심해졌다.

누군가를 진득하게 사귀지 못하고 소개만 많이 받다 보니 같은 말 또 하고, 같은 밥 또 먹고, 같은 영화를 또 보는 삶이 정말 지겨웠다.

그러다가 어느 순간 자존감이 바닥을 쳤는지 내가 이렇게 연애도 못하고 결혼 못하는 것은 얼굴 때문이라는 생각이 들었다. 엄마와 함께 강남에 유명하다는 성형외과에 갔다.

상담실장이 나를 보더니 "연애로 아주 힘들었군요. 이제 인상이 달라지면 더는 힘든 일은 없을 거예요" 라며 날 위로하는데 그 앞에서 펑펑 울고 말았다.

세상에 없던 위로를 강남 상담실장님께 받고 카드로 예약금을 결제했다. 병원 앞에서 마스크를 쓰고 1인 시위를 하는 여자를 봤지만 '참 특이한 사람이네' 라고만 생각했다.

나도 얼굴만 고치면 연애고 뭐고 다 편해질 거라는 생각에, 근무하던 병원에 꼭 해야 하는 수술이 있다고 이야기하고 3주간 병가를 내겠다고 말도 끝내 두었다.

수술 날짜는 그로부터 3주 뒤! 행복하고 즐거운 기다림일줄 알았다. 하지만 날짜가 다가올수록 자꾸 얼굴이 잘못되는 꿈을 꾸면서 악몽에 시달렸다. 마스크를 쓰고 1인 시위하던 사람이 내가 될 수도 있겠다는 생각에 악몽은 점점 심해졌다. 더는 안 되겠다 싶어 그길로 다시 병원에 가서 수술을 취소하고 계약금 일부를 돌려받고 집으로 왔다.

이 세상에는 온통 이상한 사람들이 가득하며 정상인 내가 제대로 된 남자를 못 만나는 것은 세상이 이상하기 때문이라고 원망했다. 그러니 좋은 인연을 못 만나고 이렇게 사는 나는 세상의 피해자였다.

공부는 마음먹은 대로 되는데 연애는 도대체 왜 이 모양이냐며 뜬금없이 종교에 기대보기도 했고, 사주를 보러 용하다는 곳도 많이 가봤다.

한참 지나서 내 마음을 주제로 공부하다 보니, 내가 나를 사랑하지 않으면 누구도 나를 사랑해주지 않는다는 사실을 깨닫게 되었다. 성형외과를 알아보고 자책하는 시간 동안 차라리 내 안의 내면 아이를 돌보았다면 강남 성형외과까지 가는 행동은 하지 않았을 것이다.

그러다가 언니 친구의 지인을 소개받았다. 그는 당시 한창 유행하던 《시크릿》 책을 나에게 소개해주고, 어떤 책을 읽으면 마음공부에 도움이 되는지도 알려주었다.

마음에는 법칙이 있구나, '끌어당김의 법칙'이란 게 존재하는 구나, 뭔가 마음을 평화롭게 하는 방법을 드디어 깨달았다고 생각했다. 내 마음속에 '결혼'에 대한 집착이 있었기 때문에 계속 나를 힘든 상황으로 몰아간다는 사실도 알게 되었다.

그러나 황당하게도 그 남자도 아직 자기 내부의 마음 수련을 다 마치지 못했다면서 도인처럼 떠났다.

역시 3개월도 안 되는 짧은 만남에 이제 나는 결혼을 생각하지 않기로 했다. 그냥 혼자도 행복한 삶을 살기로 마음먹고 30대 중반을 맞았다. 오히려 결혼에 대한 집착이 사라지니 마음이 풍요롭고 평화로웠다.

병원에서 약사로 지내는 지금의 삶, 현재에 충실하게 살기로 했다. 그동안 연애를 해보겠다며 늘 마음만 바빴던 나는, 풍요로운 마음으로 엄마와 같이 여행도 하고 맛있는 것도 먹으러 다녔다. 전부다 더 자주 가족들과 시간을 보냈다. 집착을 내려놓고 가족과의 시간에 충실하니 삶이 충만한 느낌이 들었다.

그리고 다음해 1월에 신랑을 만났다. 스스로 마음을 비우고 더는 남자에 휘둘리지 않고 결혼 없이도 행복하게 독립적으로 살겠다고 결심한 순간 찾아온 사람이었다.

강한 집착은 부족의 마음을 우주에 보내는 것이기에 우주가 선물을 주지 않는다고 한다.

신기한 건 신랑도 결혼 생각이 없는 사람이었다. 그냥 우리 둘은 같이 있는 시간이 좋았고, 만나면 대화가 즐거웠다. 맛있는 걸 먹으러 다니고, 새로운 것을 구경하기 좋아해서 순간의 행복에 집중한 나날이었다.

그냥 하루하루를 충실히 보냈다. 미래는 모르겠지만, 지금 이 순간에 충실하기로 하고 만나는 순간은 서로에게 최선을 다했다. 그사이 우리는 마음 편하게 만났지만, 양가 어른들은 나이만 먹어가는 우리가 여간 신경 쓰인 것이 아니었나 보다. 결국, 그분들의 압박에 결혼이 순식간에 진행되었다.

그리고 결혼 1년 후 나는 첫 아이를 임신했다.

사실 나는 결혼 전 막연히 아이가 최소 둘은 있어야 한다고 머릿속으로 생각만 했다. 하지만 카페에 가서 옆 테이블에 시끄러운 아이들이 있으면 그 근처로는 가지도 않았고 오히려 멀리 피했다. 나에게 한 명 있는 조카에게도 늘 바쁜 척하며 제대로 놀아주지도 않았다.

결혼 안 한 이모, 고모가 아이들에게 선물도 주고, 자기 핏줄도 아닌 아이들을 '랜선 이모'라는 이름으로 응원한다는데, 나는 내 조카에게도 무심했다.

나는 아이를 싫어하는 여자였다. 이런 내가 임신을 하고 보니 두렵기도 하고 떨리기도 했다. 이렇게 아이를 싫어하는데 내 아이는 잘 키울 수 있을지 자신이 없었다.

어딘가 물어볼 곳도 없었기에 나는 내가 할 수 있는 것을 했다.

뭐든 책으로 배우는 여자. 연애도 책으로 배웠던 내가 아닌가.

곧바로 육아서 읽기에 돌입했다.

모든 선배 엄마들 말이 육아가 막상 시작되면 육아서 읽을 시간도 없으니 임신을 알게 된 바로 지금 읽어야 한다고 했다.

진짜로 선배 엄마들의 말은 정답이었다.

아이가 태어나는 순간부터 '내 시간'은 영원히 사라졌다. 심지어 3년 뒤 아이를 하나 더 낳자 나는 '완전한 시간 거지'가 되었다.

육아서에 쓰인 아이들은
남의 아이들이다

나는 남의 아이들을 대하는 태도나 마음의 자세 때문에, 늘 내 안에 모성이 존재하는지 의문을 가졌다.

결혼 후 1년은 아이가 생기지 않았다. 하지만 이 당시 우리 삶의 목적은 현재를 즐기자는 것이었다. 그러니 우리 삶에 있어서 '아이가 꼭 있어야 할까?' 라는 생각을 가졌다.

집은 돈을 주고 살 필요가 없고, 여행은 많이 다녀야 하며, 세상을 경험하며 살자고 둘이 합의를 봤다.

주말이나 금요일 저녁이면 어김없이 강원도며 남해로, 가까운 근교라도 다녔다. 지금도 부모님들은 여태 놀러 다녔던 돈만 모았어도 집을 한 채 샀을 거라고 하실 정도였다.

둘이서 너무 즐겁게 여행만 다니며 살다 보니 양가 부모님은 또 걱정하기 시작하셨다. "결혼해라" 다음에는 "언제 임신하냐?"가 부모님들의 걱정이었다.

내 마음속에는, '내가 비록 아이는 싫어하지만 내 아이는 잘 볼 수 있지 않을까?' 라는 마음 하나와, '나는 모성이 없을지도 몰라' 라는 두 가지 감정이 공존했다. 그렇게 고민을 해서인지 피임도 안 했는데 아이가 생기지 않았다.

어느 날, 갑자기 속이 너무 안 좋고 기분이 이상해서 임신 테스터기를 사 왔는데 놀랍게도 두 줄이었다. 드디어 나에게도 아이가 찾아왔다!

그동안 내가 왜 쓸데없는 고민을 했는지 모를 정도로 기쁨으로 가득 찼다. 맨 처음 산부인과로 가서 아이가 생겼다는 말을 듣고 심장 소리를 들었던 날은 아직도 잊을 수가 없다.

마침 내가 다니는 직장, 우리 부서에는 큰 이슈가 있었다. 그일로 인해 재직자 20명 중 12명이 관둔 상태였다. 직장 내 인력이 모자라 임신의 기쁨을 누릴 여유도 없었다. 몸이 힘들다고 느낄 새도 없이 직장 일은 몹시 바빴다.

선배 엄마들의 충고대로, 육아 중에는 바빠서 못 읽는다는 육아서는 그래도 틈틈이 읽었다. 좋은 것을 먹고 태교를 잘해야한다지만 그 당시에는 특별히 시간을 내서 태교를 할 만한 여유가 없었다. 심지어 산전 검사를 위해 산부인과를 방문하는 것도, 휴가를 짜내고 짜내서 겨우 갈 수 있었다.

사람이 워낙 없어서 지금은 4명이 하는 일을 그 당시에 2명이 할 정도였다. 나는 이직 후 겨우 4개월이 지났을 때 임신을 했다. 그러니 아무리 바빠도 일종의 의무감으로 출산 휴가 전까지는 버틴다는 각오로 일했다.

그러다가 성별이 딸인 것을 알았는데, 나는 뭔가 착오가 있다고 생각했다. 아이가 태어나는 순간까지도 아들일 것이라고 믿었다. 이런 말도 안 되는 믿음은 황당하지만, 사주를 맹신했기 때문이다.

예전 대학교 앞에 사주 카페가 많아서 나는 사주를 좀 많이 본 편이었다. 친구들과 커피도 한잔 마시고, 내 운명도 듣고 나의 성격과 과거, 현재, 미래까지 쫙 나오니 재미있고 흥미진진했다.

그때는 마음공부도 하기 전이고 누군가가 내 운명에 대해 말해주는 것을 넙죽넙죽 받아먹었던 시기라, 공통으로 하는 말을 믿었다. 여러 곳에서 내 사주에 아들만 둘이라는 말을 들었다. 아이의 성별을 확인했을 때 딸이라고 하는데 믿을 수가 없었다. 집으로 돌아와 아주 서럽게 펑펑 울었다.

지금은 이렇게 이쁘고 사랑스러운 딸인데 사주 하나로 너무나 강력한 믿음을 가지고 있었다는 게 믿기지 않는다.

누군가 당신에게 해준 모든 말을 믿지 말아라. 마음에 담는 순간 내 것이 되는데, 잘못된 믿음도 내 마음에 들어오면 강력해진다.

출산 휴가와 더불어 육아 휴직까지 쓰기에는 직장의 눈치가 보였지만 아이를 잘 키워야 한다는 마음이 커서 휴직을 했다.

출산 전에《3살까지는 엄마가 키워라》를 읽고 워킹맘으로 살면서 아이를 키우는 것에 대해서도 고민했다. 내가 일을 관두고 아이만 보면서 아이의 정서를 보듬어줘야 할지 고민도 했다.

그런데 육아서의 아이와 내 아이는 너무 달랐다. 내 아이의 예민함과 활동성이 나에게는 많이 버거웠다. 직장에서 일하며 힘든 것보다 육아하며 지치는 게 훨씬 힘들었다.

이유식 만드는 책을 몇 권 사서 그대로 따라했다. 힘들게 한 그릇 만들면 아이가 먹는 양보다 버리는 양이 더 많았다. 거기다가 내 아이는 음식의 식감에도 예민했다. 너무 꺼끌꺼끌해도 안 먹고, 새로운 것도 무조건 혀로 밀어냈다.

큰아이는 5살이 될 때까지 한 번도 통잠을 자지 않았고 밤새 여러 번 깼다. 또 가끔은 한밤에 일어나서 엄청나게 울다가 다시 잠들었기 때문에 나도 같이 잠을 못 자니 늘 피곤했다.

지금 그때를 생각해보면 아이는 '야경증*'이 있었던 것 같다.

● 야경증(夜驚症, night terror)은 비렘(NREM)수면 각성 장애의 하나로, 비렘수면기 중 수면 초반 1/3 앞쪽에서 가장 흔하며, 주로 소아에서 갑자기 잠에서 깨어 비명을 지르며 공황 상태를 보이는 질환이다. 야경증의 정확한 이유는 모른다. 정서적 불안, 스트레스, 수면 부족, 그리고 고열 등에 의해 유발될 수 있는 것으로 알려져 있다.
- 서울대학교 병원 의학 정보

하지만 그때 나도 엄마가 처음이라서 그냥 우리 아이는 너무 예민해서 '자다가 잘 깬다' 정도로만 생각했다.

잘 자고 잘 먹기만 해도 아이를 키우기 훨씬 쉬울 텐데 우리 아이는 달랐다. 같은 해에 태어난 동서네 아이는 이유식도 한 그릇 뚝딱, 잠을 자면 업어가도 모를 정도로 푹 잤다. 왜 내 아이만 이렇게 다른 것인지, 비교라는 녀석은 나의 육아를 더 힘들게 했다.

육아 휴직 후 복직을 앞두고는 걱정이 앞섰다. 내가 다니는 병원은 항암 주사 조제실이 있는데 지금처럼 잠도 제대로 못 자면서 조제실에 가면 왠지 더 힘들 것 같았다. 그러다 보니 항암 주사 조제실에만 안 갔으면 좋겠다고 생각했다.

나중에 잠재의식을 배우며 알게 된 것은 잠재의식은 부정어를 인식하지 못한다는 사실이었다. '항암 주사 조제실이 싫어'라는 말은 '항암 주사 조제실'을 떠올리게 된다는데, 놀랍게도 복직하자마자 항암 주사 조제실에 배치받았다.

중국의 마윈 회장은 좋지 않을 때 '편안하지 않다'라고 말한다고 한다. 즉, 잠재의식은 '편안함'만 받아들이는 것이다. 잠재의식은 긍정, 부정을 구별하지 않는다.

"빚을 해결할 거야" 라는 말은 '빚'을 더 끌어당긴다. 그러니 '빚'을 갚으려면 차라리 "나는 풍요로워질 거야" 라는 말을 하는 게 낫다.

큰아이가 네 살이 되었을 때, 신랑과 나는 아이를 외동으로 키울 것인지 아니면 하나를 더 낳을 것인지 고민했다. 육아가 지치고 피곤해도 아이만이 줄 수 있는 사랑을 통해, 나는 내 안에 모성이 있음을 확신했다. 물론 둘째가 있다면 지금보다 더 힘들 것이기에 아이가 생기면 어떨까 막연히 상상만 하고 있었다.

그러던 어느 날, 마음의 준비도 없이 둘째가 찾아왔다.

솔직히 둘째를 진지하게는 생각해보지 않았던 터라 임신 사실을 알고는 이번에도 펑펑 울었다. 기쁨의 눈물이 아니라 진짜 한없이 슬프고 힘든 내 삶에 대해 불평과 불만의 울음이었다.

'이제 내 삶은 없는 건가?' '지금도 힘든데 더 힘들겠다'라는 생각에 임신의 기쁨을 누리지도 못하고 많이 울었다.

친정엄마는 이런 나에게 내 출생에 관한 이야기를 해주셨다. 나를 임신했을 때 부모님 사이도 안 좋고 키우기가 부담스러워서 유산을 생각하시기도 했다고.

그렇게 힘든 와중에 나를 낳았고, 그때 안 낳았으면 어쩔 뻔했냐고 생각하실 정도로 나에게 고맙다고 말씀하셨다.

그 말씀을 듣고 눈물이 한없이 흘렀다. 내 한 몸 힘들다고, 임신을 축복으로 여기지 못했던 나를 용서하고 아이를 사랑으로 받아들였다.

지나고 보니 아이들 덕분에 힘들 때도 있지만 내 삶의 희망이고 의미를 주는 존재들이다.

빅터 프랭클의《죽음의 수용소에서》라는 책을 보면 유대인인 저자는 나치의 강제 수용소에서 힘든 시기를 보내며 삶의 의미를 깨달았다고 했다.

"'왜' 살아야 하는지 아는 사람은 그 '어떤' 상황도 견딜 수 있다"라는 니체의 말을 인용하며, 사람은 의미를 추구하고 발견하기에 삶을 살 수 있다고 한다. 아주 가혹하고 힘든 순간도 그 나름의 의미가 있다는 것이다.

내 삶의 의미도 결혼 후 아이들을 낳고 비로소 완성되었다. 비록 내 아이는 육아서에 있는 아이와 다르다 할지라도, 있는 그대로 그들을 사랑하는 법을 배웠다.

층간 소음+독박 육아+힘든 직장
= 환장의 콜라보

아침에 겨우 눈을 뜬다. 알람소리를 들어서 그나마 다행이다. 잠자던 중간에 아이가 깨서 우는 바람에 잠을 제대로 못 자니 머리가 아프다.

조금 있으면 아이를 어린이집에 데려다주시는 돌보미 선생님이 오시기에 빛의 속도로 머리를 감고 옷을 입고 출근을 준비한다. 머리에서는 아지도 물이 떨어지는데 벨이 울린다. 미친 듯이 머리를 털며 돌보미 선생님을 맞이하고 아이들을 깨운 후 나도 집을 나선다.

직장에서는 오늘도 놀라운 일이 일어난다. 벌써 다섯 명째! 같이 일하던 사람들이 관뒀다. 처음 맡은 '책임 약사' 라는 업무가 내 능력에는 버거운 일인지 우연의 일치인지 사람들이 계속 퇴사했다. 남아있는 사람들과 같은 양의 업무를 처리하려니 업무량이 많아 모두 불평이 많았다. 그래도 다들 힘듦을 이해하고 서로 도와 제시간에 일은 끝났다. 오전인데도 이미 내 온몸 구석구석 안 아픈 곳이 없다.

퇴근 시간. 아픈 몸을 이끌고 어린이집에 있는 아이들을 집에 데리고 온다. 혹시나 하는 기대로 신랑에게 전화를 해보니 역시나 오늘도 늦는다고 한다. 내가 연락해야 언제 올지 알려줄 정도로 참 연락을 안 하는 신랑에게 또 불만이 가득 쌓인다.

저녁 차릴 힘이 없어서 짜장면을 시켜 먹는다. 아이들 옷이며 식탁 밑으로 어마어마한 양의 짜장이 다 흘렀다. 설거지 안 하려고 배달음식을 시켰는데, 오히려 치운다고 힘만 더 든다.

겨우 옷을 벗겨 씻기다가 내 쪽으로 물을 계속 튀게 하는 아이들 때문에, 속에서 화가 치밀어 올라 결국 소리를 지른다. 다 씻고 옷을 입히려는데 아이들은 놀이로 알고 또 발가벗고 도망을 다닌다. 오늘도 내 고함은 여전하다.

그런데 웬일로 신랑에게서 전화가 온다. 아이들이 조금만 뛰어도 시끄럽다고 하는 아랫집 사람이 조금 전 뛴 것에 대해 신랑한테 전화했단다. 그러니 아이들 좀 조용히 시키고 어서 재우라고 신랑에게 전화가 온 것이다.

결국, 나는 머리끝까지 화가 나서는, 아이들을 쥐 잡듯이 혼낸다.

"너네들! 엄마가 조용히 하랬지?"

"도대체 너네는 왜 이렇게 뛰어?"

그러자 화가 나면 발을 굴리는 6살 큰아이가 들으라는 듯 더 큰 소리로 발을 굴린다.

퉁~퉁~ 아랫집 남자가 또 시작했다. 조금이라도 자신의 신경을 거스르는 소음이 들리면 자기 집 천장을 쇠파이프 같은 것으로 치고, 베란다 쪽 배관을 망치 같은 것으로 친다. 그 소리가 얼마나 크게 울리는지 아이가 1분쯤 뛰었다면 그 소리는 10분쯤 계속된다. 심지어 우리가 집 밖으로 외출했을 때도 뛰지 말라고 전화가 온다. 아랫집 주인은 이 아파트에서 뛰는 집은 모두 우리 집이라고 생각하는 듯하다.

이제 나도 한계다. 아이들에게 조용히 하라고 하다 나도 울어 버린다. 일도 힘들고, 육아도 힘들고, 세상 사는 게 너무 힘들다.

아이들과 같이 씻고 겨우 진정을 시키고 누우니 이미 10시. 아이들을 재우고 혼자 스트레스라도 풀 겸 티브이라도 보고 싶은데 이 녀석들이 잠을 안 잔다. 아이들이 자야 내 시간을 갖는데 아이들은 안 자고 더 화가 나서, '어서 자라'며 한 번 더 소리를 지른다.

감정에 매몰되어 나도 소리를 지르다가 같이 운다. 이번에는 야단맞은 아이들까지 다 같이. 역시나, 배관치는 소리가 또 들리기 시작한다.

소리가 잦아들 때가 되니 이미 시간은 12시가 다 되어 간다. 나만의 시간을 보내고 싶다는 간절한 바람에 이제 뭐라도 해볼까 생각할 즈음 신랑이 들어왔다. 일이 바빠 밥을 안 먹었단다. 김치에 밥이라도 먹겠다고 해서 겨우 밥상을 차리고, 오늘 있었던 일을 이야기하는 도중 아이가 '엄마'를 부른다. 예민한 첫째는 귀신같이 내가 옆에 없으면 알아채고 나를 부른다.

결국, 나도 옆에 누웠다가 피곤함에 쓰러진다. 자기 전 마지막 생각은 내일 아침 눈을 뜨고 싶지 않다는 것이다.

아이 둘을 양팔에 끼고 그 당시 우리 집 6층 베란다에서 뛰어내리는 상상을 했다. 그 순간 내 얼굴이 웃고 있었다. 이 몇 초 사이 그런 생각을 한 나 자신을 발견하며 소스라치게 놀랐고, 곤히 잠든 아이들을 보니 참고 있던 울음이 다시 터졌다.

그렇게 하루, 하루를 보냈다. 최악의 모든 일이 한 해에 동시에 일어났다. 두 아이를 얻고 사랑으로 보살피겠다는 내 다짐은 매일매일 무너졌다.

일은 갈수록 힘들어졌다. 아이들이 자라면서는 먹고 자는 게 문제가 아니라 꼬박꼬박 말을 안 듣고 말대꾸를 했다. 신랑은 회사를 옮겨 두 시간 거리를 출퇴근하다 보니 늘 12시 가까이 퇴근을 했다.

일은 힘들고, 독박 육아에, 아랫집 남자는 시도 때도 없이 배관을 쳐서 소음공해를 일으켰다. 그렇게 삶이 지치고 피폐했다. 일도 가정도 육아도, 삶은 나에게 어떤 의미도 없었다.

지금 같은 마음가짐이 달라지지 않으면 나도 아이들도, 우리 가정도 위험했다. 나는 두 아이의 엄마였기에 살아야 했다.

그래서 내 인생 처음으로 세 가지를 바꿨고 계속해서 다른 것들을 추가했다.

내 루틴은 이렇게 시작되었다.

첫째, 아침 기상 시간이다.

나는 8시까지 출근을 해야 하는데 늘 7시쯤 일어나서 출근 준비에 아이들을 챙기느라 정신없이 바빴다. 맞벌이 부부로 살면서 아이가 태어나면 반드시 한 명의 더 큰 희생이 따르기 마련이다. 아이가 하나일 때는 내가 바쁜 와중에도 출근 준비와 동시에 아이 등원 준비를 해서 아이와 같이 나갔다. 그러다 보면 아침부터 이미 하루를 다 쓴 것 같은 피곤함이 밀려왔다. 아이가 둘이 되면서는 등원 돌보미 선생님을 모셨지만 그래도 여전히 바쁘고 피곤했다.

하지만 기상 시간을 바꾸자 삶의 질이 달라졌다. 출근 전 두세 시간의 여유 시간을 확보해 나만의 시간을 갖고 나니 육아를 대하는 내 태도가 달라졌다.

두 번째, 감사 일기를 쓰기 시작했다.

남들이 일찍 일어난다기에 일찍 일어나긴 했지만 무엇을 해야 할지 몰랐다. 일어나기만 했지 할 게 없어서 졸기도 했다. 인터넷으로 도대체 일찍 일어난 사람들은 무엇을 하는지 여러 가지를 찾아보니 많은 사람들이 아침부터 감사 일기를 쓰고 있었다.

감사 일기에 그날 감사한 일, 전날 감사한 일 등을 세 가지 정도만 적어도 삶이 바뀐다고 했다. 그래서 첫마디를 적으려는데 아무것도 감사할 것이 없었다. 그러다가 '가족이 건강한 것만으로도 감사하다' 라고 적기 시작했다. 그렇게 감사 일기를 적기 시작하자 서서히 감사한 일들이 내 삶 속에서 생기기 시작했다.

세 번째, 독서와 필사를 하기 시작했다.

나는 다시 공부해서 약학대학에 갔다. 그러다 보니 공부에 너무 지쳐서 책을 보기 싫었다. 약학대학 졸업 후 딱 10년 정도는 소설책조차도 보지 않았다. 하지만 내 삶을 바꾸겠다고 결심한 순간부터 책을 읽기 시작했다. 세상에 너무나 좋은 책들이 많아서 이 좋은 걸 왜 이제 시작했나 놀랄 정도였다. 그리고 책을 단순히 읽기만 한 것이 아니라 좋은 책의 내용은 필사하며 꼭꼭 씹

어먹었다.

이런 변화와 함께 가장 크게 바뀐 것은 나에 대해 알아가게 되었다는 것, 무엇이 나를 힘들게 했는지 알게 된 것이다. 특히 '잠재의식'이라는 것에 관해 공부하면서 내가 놓치고 있었던 것에 대해 알게 되었다.

이 책을 집어 들었다면 지금 나와 같은 과정을 겪는 중이었을 것이다. 첫 발자국은 '내가 왜 힘든지?'를 고민하는 것이다. 그냥 병원에 가서 힘들다고 말하고 진료를 보고, 약을 먹는다고 해결될 일이 아니다.

나는 동네 약국과 병원 약국에서 많은 환자를 보았다. 그들은 건강에 대한 자신의 믿음을 바꾸려고 하지 않고 늘 약으로 치료하고 싶어 한다. 그런데 갈수록 먹는 약이 개수는 더 늘어난다.

생각을 바꾸지 않으면 어떤 약도 듣지 않는다.

"약사님, 이 약 먹으면 잘 나아요? 먹어도 아무 소용 없던데."

이런 말씀을 하시며 약을 타가시는 분들은 어떤 약을 먹어도 약의 효과는 적을 것이다. 효과가 없다고 생각하며 먹는 약은 어떤 도움도 되지 않는다.

'밑 빠진 독에 물을 붓고 있다' 라는 생각이 드는 순간, 변화를 위해 하나라도 시작하는 것이 먼저다.

한 발 앞선 사람으로서 내가 공유하는 작은 경험들이 여러분에게 도움이 되길 바란다.

나보다 열 발자국 이상 떨어진 사람들은 존경의 눈으로 볼 수 있겠지만, 사실 나 스스로는 어디서 어떻게 시작할지 엄두도 나지 않을 수 있다. 우리는 지금 당장 아프고 힘들다. 그 열 발자국을 따라가기 위해 당장 한 발자국을 떼는 게 힘들다. 내가 그랬다. 내 속도가 느린 게 나는 늘 힘들었다. 그런데 한 발자국을 떼고 나니 다음 한 발, 다음 한 발을 조금 더 쉽게 뗄 수 있었다. 그렇게 나는 몇 발자국을 떼며 앞으로 걸어가고 있다.

그러니 더도 덜도 말고 한 발자국 앞선 나를 따라와 주었으면 좋겠다. 나는 늘 같이 가는 걸 좋아하기에 힘들면 손을 잡아달라고 손을 내밀어도 좋다.

엄청난 사건이 있었던 유년 시절을 보낸 것도 아니고, 죽을 만큼 어마어마한 일이 있지 않더라도 일상 하나하나에 지친 당신!

우리 모두 '지금, 이 순간의 위로'가 필요하다.

'지금 이대로 충분히 잘하고 있다.' '넌 뭐든지 할 수 있어.' 이런 말은 누구나 할 수 있다. 말을 한다고 해서 성공한다면 이 세상 누구나 다 성공했을 것이다. 나는 말이 아니라 작은 실천을 꾸준히 함으로써 지치지 않고 삶을 조금 더 즐길 줄 알게 되었다고 자신 있게 말하겠다.

물론 아직도 가끔 마음이 힘들고 자주 지치지만, 예전처럼 바닥으로 가라앉아 더 이상 못 일어날 정도가 되지는 않는다.

나는 여러 방법을 시도했고, 그 속에서 찾은 '마음이 덜 지치는 법'에 대해 나만의 루틴을 꾸준하게 실천하고 있다. 말 그대로 '미라클 루틴'이다.

내가 했으니 여러분도 할 수 있다. 힘들다고 약국에 가서 피로회복제를 사 먹거나 누워있지 말고, 차라리 이 책을 읽고 하나라도 실천해보는 것이 훨씬 효과적일 것이다.

마음 처방전 1

아침을 지배하는
5분 기상 루틴

한동안 우리나라에 아침 기상 열풍이 불었다. 할 엘로드의 《미라클 모닝》책을 읽고 아침 시간을 달리 써서 새롭게 인생이 바뀌었다는 사람들이 있었다. 작년에는 김유진 변호사가 쓴《나의 하루는 4시 30분에 시작된다》는 책도 다시 아침 기상을 시도해보려는 사람들을 자극했다.

각종 책이나 영상 매체에 여러 분야의 성공자들이 나와서 아침을 일찍 맞은 후 좋은 점에 대해 알려주고 있다.

사실 내가 아침 기상을 시작하게 된 이유는 책을 읽고 영감을 받거나, 어떤 영상을 보고 강한 결심을 한 것이 아니다.

단지 일도 하고 아이도 돌봐야 하는 워킹맘이라는 이유로 늘 '힘들다'는 말을 달고 살았는데, 그 힘듦의 대부분은 '내 시간은 하나도 없어!' 라는 것이 근본적인 이유였다.

40

신랑은 당연한 듯 아이들을 학원에라도 보내고 쉬라고 했지만, 아직 아이들도 어렸고 큰아이는 남들이 다 간다는 태권도 학원조차도 다니기 싫어했다.

내가 다니는 회사는 출근 시간이 8시라 남들보다 조금 더 빨리 서둘러야 했다. 아이를 어린이집에 맡기는 시간도 다른 사람보다 더 빨랐다. 회사가 끝나면 집에 미친 듯이 뛰어왔고 어린이집에서 아이를 찾으면서 아이에게 늘 미안한 마음이 들었다.

나의 하루는 7시쯤 눈을 떠서 출근 준비와 동시에 아이를 챙기는 것부터 시작했다. 어린이집에 아이를 맡긴 후 출근 시간에 겨우 맞춰 출근했다. 업무 시간이 끝나면 눈썹이 휘날리게 아이를 찾으러 갔고, 돌아와서 아이와 저녁을 먹고 씻고 자면 하루가 금방 갔다. 이런 생활 속에서 내 시간은 단 1분도 없었다.

스트레스를 푸는 것이라곤 아이를 재운 후 티브이 프로그램 보기가 다였다. 하지만 예민한 첫째가 꼭 중간에 잠을 깨서 나를 찾았기에 하나의 프로그램을 끝까지 본 적도 없었다.

늘 피곤하고 어깨가 아팠다. 가끔 신랑이 일찍 오는 날, 아이를 맡기고 마사지를 받으러 가면, 마사지해주시는 분은 어김없이 근육이 너무 뭉쳤다고 매일 와도 모자랄 판이라며 안타까워하셨다.

그래도 아이가 하나일 때는 어찌어찌해나갈 수 있었다. 하지만 아이가 둘이 되니 두 아이를 준비시키고 내 출근 준비까지 하기 너무 힘들었다.

신랑은 이때에도 출근은 빠르고 퇴근은 늦었다. 결국, 내가 다니는 회사 근처로 이사를 했다. 어린이집을 옮겼는데 둘째는 너무 어려서 가정 보육 어린이집에 보내야 했다. 둘을 다른 어린이집에 보내려니 도저히 아이들을 동시에 돌볼 수 없었다.

내가 사는 구에서 운영하는 아이 돌봄 서비스를 신청했는데 운 좋게도 좋은 선생님이 배정되었고 어린이집 등원 걱정은 덜었다. 하지만 여전히 집에 올 때는 두 군데의 어린이집에 들러 아이들을 데리고 오고 내 밥은 먹는 둥 마는 둥 하다 보니 사람이 사는 게 아니었다.

어느 누구도 나에게 도움을 줄 수 없었다. 시간은 누구에게나 공평하기에 내가 만들어내지 않으면 안 되는 상황이었다.

결국, 나는 아침에 조금이라도 빨리 일어나 내 시간을 갖기로 했다. 물론 아침 기상이 처음부터 쉬웠던 건 아니다. 나는 늘 나 자신을 올빼미족이라고 생각했고, 밤이 나의 시간이었지 아침은 내 시간이 아니었다.

그래서 처음에는 평소 일어나는 시간보다 딱 5분을 줄였다. 5분을 일찍 일어나 며칠 적응이 되면 다음 5분을 늘리고, 또 시간을 조금씩 늘려서 나중에는 두 시간까지도 아침잠을 줄였다.

알람시계를 맞춘 첫날은 눈도 안 떠지고 확 꺼버리고 싶은 유혹이 있었지만 나 스스로 한 약속을 지켰다는 게 기분 좋았다. 또 이렇게 눈뜬 시간이 모여 30분이 넘어가니 잠시라도 혼자 있는 시간을 갖는 기쁨이 컸다.

아침에 일어나면 그냥 나 혼자 있다는 것 자체가 좋았다. 아무에게도 방해받지 않고 가만히 있는 시간도 좋았다.

한 번 맛본 기쁨은 마치 중독과도 같아서 아무리 피곤한 날도 눈이 떠졌다. 아침 기상을 시작한 지 두 달쯤 되니 습관이 되었는지 자연스럽게 눈이 떠져 알람시계도 필요 없게 되었다.

갑자기 깨달았다. 늘 시간이 없다고 외쳤던 내가 시간 부자가 되었다는 것을.

시간은 내가 만들기 나름이었다. 물론 너무 피곤하고 힘든 날은 눈을 못 떠서 늦게 일어나기도 했지만 잠깐 컨디션이 흔들리는 것 때문에 달콤한 아침 시간을 포기할 수 없었다.

처음에는 아무것도 안 하고 책상에 앉아만 있었다. 차차 그 시간은 나를 알아가는 시간으로 바뀌었다. 노트를 사서 나의 감정을 적어보기도 하고, 혼자서 상상의 나래를 펴며 글도 썼다. 전공 공부에 치여 소설책 한 페이지도 보기 싫었던 나는, 단 10분

동안 두 페이지만 읽어도 행복한 사람으로 바뀌었다. 아침에 하는 작은 일들 모두 오직 나만을 위한 시간이었기에 소중했다.

지금 무엇인가 힘들고 지친다면, 아침이라는 환상의 시간을 당신의 것으로 만들어보라.

물론 아침 기상을 위해서는 작은 노력이 필요하다.

전날 저녁에 일찍 자야 일찍 일어날 수 있다. 저녁 약속이라도 있으면 너무 피곤하기에, 될 수 있는 한 저녁 약속은 잡지 않는다. 또 처음에는 아침에 일찍 일어난 것 때문에 몸이 하루 종일 피곤하다고 느낄 수도 있다.

그러니 몸이 적응하는 시간을 만들어주고 자신의 몸을 돌보면서, 천천히 아침 기상을 해보길 권한다.

한 번에 한 시간 일찍 일어나겠다고 결심했다가 며칠 시도하고, 나랑은 아침 기상이 안 맞는다며 포기하지 않았으면 한다.

기상 시간을 원래 일어나는 시간보다 매일 5분씩 앞당기며, '나는 나와의 약속을 잘 지키는 사람'이라고 스스로 칭찬해주자. 그러다 보면 어느 순간 당신도 시간 부자가 되었다고 느끼는 순간이 온다. 꼭 한번 시도해보길 바란다.

하지만 몇 번을 시도해도 혼자서 아침 기상이 힘들다면, 다른 사람들과 모임에 참여해서 '같이의 힘'을 느껴보는 것도 좋다.

내가 운영하는 〈인생 번영회〉에는 새벽 4시부터 부지런히 일어나 아침 긍정 확언을 함께하는 사람들이 있다. 처음에는 참여하지 않던 사람들도 매일 아침 반복되는 새벽 기상과 긍정 확언에 자극받아 아침 기상에 성공하고 있다.

단, 절대로 무리해서 아침 기상을 하는 것은 좋지 않다.

나조차도 어느 순간부터 속이 안 좋고 머리가 아픈 시기가 있었다. 하지만 아침 기상이 너무 좋아서 아픈 것도 참고 무리해서 일어났다가 탈이 났다.

몸이 아플 때 아침에 무리해서 일어나면 하루 종일 컨디션이 나쁘고 힘들다. 그러니 반드시 고려할 것은 자신의 컨디션에 따라 조절하라는 것.

또 하나 고려할 것은 아침 기상이 잘 안 맞는 사람도 실제 있다는 것이다. 우리가 아침 기상을 하는 이유는 시간이 없기 때문이고 내 시간을 만들기 위해서다.

아침에 일어나기 힘들거나 불규칙한 근무 패턴을 가진 사람이라면 저녁형 인간도 추천한다. 아이가 너무 어려 새벽에 수유를 해야 한다면 절대 무리해서 일어나려고 하지 말자. 아이는 물론 내가 지쳐서 하루가 더 힘들어진다.

예전에 알던 분 중 한 분은 교대 근무 때문에 도저히 아침에는 일어날 수 없는 분이 계셨다. 결국, 아침 기상은 못 했지만, 저녁에라도 자신의 시간을 확보하기 위해 노력하셨다. 아침 기상을 하는 핵심은 '나만을 위한 자기 시간 확보'이기 때문이다.

우리 삶은 늘 바쁘고 시간도 만들어야 할 만큼 피곤하다. 하지만 나를 위한 시간은 내가 의식적으로 만들어야 한다.

부자든 가난한 사람이든 누구에게나 시간이라는 선물은 공평하게 주어진다. 단지 이 선물을 잘 활용하는 사람만이 삶의 주인이 될 수 있다.

내 시간을 만들고 여유를 찾은 후부터 나는 늘 웃게 되었다.

눈을 뜨는 순간 다짐해보자.
오늘 하루를 최고의 하루로 만들겠다고!

인생약사가 드리는 **마음 처방전**

교부 번호	**마음 처방전 1**			명칭	마음 약국
환자	성명		의료기관	전화번호	000-0000
	주민등록 번호			이메일주소	
질병분류기호	**시간 거지**	처방 발행인	인생약사 염혜진	면허번호	00000
처방 약품의 명칭	1회 투약량		1일 투여 횟수	총 투약일수	용법
새벽 기상	**나만의 시간을 확보할 정도의 기상시간 (평소 기상시간보다 1~2시간 전 추천)**		**아침 한 번**	**평생**	**아침에 눈 뜨자마자**
사용 기간	**교부일로부터 평생**		**사용 기간 내내 오늘 하루를 최고의 하루로 만들겠다고 생각하고 눈을 번쩍 뜹니다. (기상 시간을 매일 5분씩 당겨서 원하는 시간에 일어나세요)**		

PART 2

육아

나는 '슈퍼우먼'이 아니에요

응급실과 항생제의 도돌이표, 자주 아픈 아이들

건강하게 태어난 아이들이지만 어릴 때는 참 자주 아프다. 유명한 소아청소년과 책 《삐뽀삐뽀 119 소아과》를 늘 곁에 두었지만 한 아이가 감기를 시작하면 다른 아이도 같이 감기에 걸렸다. 또 어린이집 친구 중 누가 감기에 걸리면 어느새 아이들 사이에 감기 바이러스가 퍼지기도 했다.

약학대학에 다닐 때 항생제에 대해 배우면서 감기는 바이러스로 인한 것이고 항생제는 세균에 작용하는 것이기 때문에 항생제는 될 수 있으면 덜 먹여야겠다고 생각했다.

하지만 막상 현실에서 내 아이가 감기에 걸리니, 항생제를 먹어야 낫는 경우도 많았다. 다양한 균이 감기 바이러스와 같이 오기 때문인데, 아이가 어릴 때는 항생제로 키운다는 말이 무슨 말인지 체험했다.

일하는 엄마로 살다 보니 아이가 아픈 것이 모두 내 책임으로 느껴졌다. 아이가 열이 나서 아프다고 연락이 와도, 바로 어린이집으로 갈 수 없어서 어린이집에 있는 해열제를 먹여달라고 할 때마다 마음이 아팠다.

그나마 친정엄마가 아주 멀지 않은 곳에 사시니, 아이가 정말 많이 아플 때는 친정엄마께 부탁드렸다. 하지만 일흔이 넘은 친정엄마에게 아이를 잠시 봐달라고 부탁하기도 미안했다.

엄마가 늘 "결혼 좀 일찍 해서 아이를 낳았으면 내가 좀 더 잘 봐줬을 텐데. 나도 몸이 여기저기 아프다" 라면서 오히려 미안해하시는 모습을 볼 때도 마음이 아팠다.

그런데 한 가지만 기억하자.

내가 일한다고 해서 아이가 아프고, 일 안 한다고 아이가 안 아픈 건 아니다. 6~7살이 될 때까지는 항생제를 끼고 산다고 해도 너무 마음 아파하지 말자. 아이들은 아프면서 큰다고 생각하자.

집에서 아이를 키우는 전업주부든 일하든 엄마든 아이가 아플 때 차라리 내가 아프면 좋겠다고 생각하며 마음이 쓰이는 것이 정상이다. 크면서 아이들이 자주 아픈 순간이 있다는 것을 편하게 받아들이고, 아픈 것도 아이들이 크는 하나의 과정임을 잊지 말아야 한다.

나는 첫째 아이 덕분에 병원 응급실에 다섯 번쯤 가보았다. 그 중 두 번은 아이가 이유 없이 울고 잠을 안 자서 한밤중에 신랑과 아이를 업고 종합병원 응급실에 갔다. 다양한 검사를 하고 난 후, 마음을 졸였던 내가 들은 병명은 '변비'였다.

큰아이가 말도 못 하던 시절이니 배에 가스가 차고 불편해서 그렇게 크게 울었나 보다. 허탈하기도 했지만, 한편으로 큰 병이 아니라서 다행이라고 생각하며 가슴을 쓸어내렸다.

큰아이는 유산균을 꾸준히 먹여도 변비에 잘 걸리는 체질이었다. 어떤 날은 '대변'을 본 것뿐인데도 물개박수를 치며 기뻐했던 기억이 있다.

또 조금 더 커서는 겁 없고 용감한 성격을 가진 첫째가 의자 위에서 뛰어내리다가 이마를 심하게 다쳤다. 생각보다 부위가 크게 찢어져서 상처 부위를 봉합하는 수술을 해야 했다.

응급실에서는 아이를 재워서 상처 부위를 꿰매기 위해 '포크랄 시럽'이라는 진정, 수면 시럽을 처방했다.

나는 병원 약국에서 처방으로 나온 이 시럽을 환자 보호자에게 건네주기만 했다. 그런데 내 아이가 아파서 그 약을 실제로 먹이게 될 줄은 몰랐다.

약을 주며 설명할 때 "이 약은 졸릴 수 있지만 바로 자지 않을 수도 있고, 먹다가 뱉어도 꼭 다시 먹이셔야 한다"며 친절하게 설명했다.

그런데 우리 아이는 정말 먹기 싫다고 혀를 내밀며 약을 뱉으려 해서 약 먹이는 것부터 내 힘을 뺐다. 또 이 약은 원래 먹으면 바로 잠이 들어야 하는 약인데도 불구하고 우리 아이는 잠은커녕 정신이 더 말짱해졌다.

응급실에서는 아이를 빨리 재워야 봉합 수술을 할 수 있다며 어서 아이를 재워 오라고 채근했다. 이때 나는 둘째를 임신하고 있던 몸이라 내가 오히려 밀려오는 잠을 참기 힘들었다.

아이를 재우겠다고 유모차를 밀며 병원 로비를 배회한 지 한 시간, 드디어 아이가 잠이 들어 수술에 들어갔다.

그 시간에 신랑도 부랴부랴 도착해 긴장이 한순간 풀리자 나도 힘이 빠졌다.

새벽에 응급실에 다녀온 날은 잠을 한두 시간밖에 못 자고 아침에 회사로 출근해야 했다. 아픈 아이를 친정엄마께 잠시 맡기고 출근하면서도, 이마를 다친 것이 내 잘못인 것 같아 하염없이 눈물을 흘렸다.

내가 부주의해서 아이가 의자에 올라가는 것을 못 봤기 때문에 다친 것 같아 참 속상했다.

하지만 아이가 아파서 힘들어하는 시간도 때가 되면 지나간다. 또 내가 아이에게 아무리 주의를 기울이고 있어도 일어날 일은 늘 일어났다.

둘째는 큰아이와 놀다가 갑자기 문이 닫혀 문틈에 발이 끼었다. 발톱이 시커멓게 변하고 피가 나서 혼비백산했다. 분명 내가 보고 있었는데도 찰나의 순간 사고가 발생했다. 하필 추석 연휴에 신랑만 시댁에 내려갔던 날이라 신랑 없이 아이 둘을 데리고 응급실에 반쯤 넋이 나간 상태로 다녀왔다.

작년과 올해도 코로나 예방을 위해 손 위생을 아무리 철저히 해도 감기에 걸리거나 아픈 아이들은 분명 있었다.

그러니 엄마들이여, 아이의 아픔에 있어 당신들은 잘못이 없다.

혹시 응급실에 갈 일이 생기더라도, 아이가 아파 항생제를 자주 먹인다 해도, 우리 아이들은 무럭무럭 건강하게 잘 클 것이다.

누구나 내 아이는 건강하길 바란다. 그렇다고 한 번도 아프지 않고 지낼 수는 없는 법, 아이가 아플 때 그 아이를 돌보는 엄마 몸부터 챙기자.

나도 초기에는 젊다고 생각하고 아무것도 먹지 않았는데 육아는 체력이 꼭 필요한 일이다. 이제는 종합 비타민도 먹고 비타민 C도 먹으면서 내 몸을 먼저 돌본다. 물도 1ℓ 이상 먹으려고 노력하고 나를 먼저 챙긴다.

아이가 아플 때 아이를 봐주려면 무엇보다 엄마의 체력이 중
요하다. 운동할 시간도 없고 몸을 챙길 여력이 안 되더라도 나
를 위한 좋은 건강 습관 하나쯤은 챙겨야 한다.

간밤에 직장 동료의 아이가 아팠다고 들었는데
오히려 그녀가 더 아파 보인다.
잠도 못 자고 아이 옆에서 간호한
엄마 자신의 몸이 더 축났기 때문.
육아도, 일도 모두 체력이 필요하다.
나는 회사 출근 후 고함량 B군이 함유된
종합 영양제 한 알을 먹는다.
출근하지 않는 날도 어김없이 아침을 먹고 나서
한 알, 피곤할 때는 두 알 먹는 것을
루틴으로 정해서 실천한다.
아침 식사 후 나를 위한 영양제 한 알을
당신의 루틴에 넣어라.
무슨 영양제가 좋은지 많이들 묻는데,
각자의 몸 상태에 따라 추천하는 것이 다르니
가까운 약국에 가서 상담을 받아보자.
그리고 중요한 것!
영양제를 사는 것보다,
챙겨서 매일 꾸준히 먹는 것이 더 중요하다.

아이는 누가 보냐고요?
어린이집 선생님들이 봐줍니다

맞벌이 가정이라고 하면 제일 먼저 사람들이 묻는 말이 있다.

"그럼 아이는 누가 보나요?"

나는 당연하다는 듯 이렇게 말한다.

"어린이집 선생님들이 사랑으로 봐주세요~."

그러면 친정 부모님이나 시부모님이 왜 안 봐주시는지 되묻는 경우가 많았다.

내 시댁은 울산인 데다 어머님도 여기저기 아프시고 나이도 많다. 또 친정 부모님도 나이가 많고 자주 병원에 다녀오신다.

나의 부탁 한 가지는 친정이든 시댁이든 모두 아이는 안 봐주셔도 되니, 당신들 건강만 잘 챙기시라는 것이다.

티브이 프로그램에서 보면 40~50대 젊은 할머니들이 손자를 거의 자기 아이처럼 돌봐주고 계신다. 하지만 나는 젊은 할머니들도 힘들다는 육아를 70대 어르신들에게 부탁드릴 만큼 양심이 없지 않다. 대신 어린이집 선택을 신중히 했고, 한 번 결정해서 보내기로 했으면 그곳 선생님들을 확실히 믿었다.

가끔 너무 흉흉한 소식들 때문에 어린이집에 대한 안 좋은 선입견을 품고 계신 분들도 많지만 나는 누구보다 어린이집 선생님들을 존경한다. 내 아이인데도 아이의 행동에 따라 가끔 무척 속상하고 화나는데, 한 명도 아니고 여러 명을 같이 본다는 이 얼마나 위대한 일을 하고 계시는가!

1월에 둘째가 다니는 어린이집 오리엔테이션이 있었다.

5명 이상 집합 금지에 따라 소수 인원별로 다음번 올라갈 반, 담임 선생님을 소개받고 작년 한 해 어린이집 운영에 대한 경과 보고가 있었다. 큰아이도 다녔던 어린이집이라 이번 해까지 7년째 이곳에 보냈고 있는데 이번 해의 오리엔테이션은 여느 때와 사뭇 분위기가 달랐다.

작년 한 해 코로나의 여파로 재원생은 물론 신입생도 대폭 줄었다. 큰아이가 들어갈 때만 해도 경쟁률이 2대 1이어서 탈락의 고배를 마셨었다. 다른 어린이집에 다니며 대기 3번으로 지내다가 운 좋게 그해 5월에 입소했다.

확실히 저출산인지 지금은 이 어린이집에 지원하면 다 뽑힌다고 한다. 심지어 우리 둘째보다 한 살 많은 형님 반은 한 반 15명 정원에 8명만 다니고 있다.

이 어린이집은 7세까지 다닐 수 있어 형제와 남매가 많았다. 하지만 저출산 문화 때문인지 아이 한 명인 집도 많아졌고, 코로나 때문에 어린이집 등원을 하지 않고 그냥 엄마가 데리고 있는 경우도 늘었다.

실제 이번 해 제일 막내인 영아반은 3반이었다가 2반으로 축소 운영 중이다.

맞벌이인 나는 비가 오나 눈이 오나, 코로나가 심할 때도 긴급보육으로 아이를 보낼 수밖에 없었다. 그래서 나에게 어린이집의 존재는, 그저 데리고만 있어줘도 고마운 곳, 내 아이지만 나도 가끔 힘든데 온종일 돌보는 대단하신 분들이 있는 곳이었다. 나는 다들 나처럼 생각하는 줄 알았다.

그런데 요즘은 어린이집에 아이를 보내는 엄마들이, 어린이집이나 어린이집 교사들을 다르게 해석하는 듯하다.

원장 선생님은 어린이집은 가정에서 배우고, 가정과 연계해서 보육하는 곳이라고 강조하셨다. 하지만 가정에서 안 되는 것을 어린이집에 맡겨서 해결하려는 분들이 은근히 많다고.

작년 1년 동안 어린이집 선생님들의 마음고생이 어느 때보다 심했다면서 예시를 든 사례들은 어떤 오리엔테이션 때도 들어보지 못한 내용들이었다.

〈사례 1〉

3세 반 엄마가 이른 아침 아이를 데리고 어린이집에 등원했다. 아이를 짐처럼 들고 와서 하시는 말씀이 아이가 똥을 쌌는데 똥 싼 기저귀를 갈 줄 모르니 갈아달라고 당당히 요청했다고 한다.

알고 보니 이 엄마는 그때까지 아이 똥 기저귀를 한 번도 갈아 본 적이 없다고 한다. 평일과 주말에 늘 신랑이 똥 기저귀를 전담해 왔기에 비위 약한 그분은 자기 아들이 큰일을 본 기저귀를 갈아본 적이 없다는데 이게 말이 되는 건가! 아무리 그래도 똥 싼 아이를 데리고 와 맡기고 가면서 어린이집 선생님 보고 기저귀를 갈라는 건 무슨 경우인지. 부탁도 아니고 너무나 당당하고 당연한 듯이.

〈사례 2〉

아이 엄마는 평소 담임 선생님을 마음에 안 들어 했다. 엄마가 아이랑 어떤 식으로 대화를 한 건지, 아이가 잘못한 부분을 선생님이 야단치자 아이가 선생님께 이렇게 말했다.

"우리 엄마가 선생님보다 힘세요."

"엄마가 선생님 잘리게 할 수 있대요. 나는 다른 데 가면 그만이에요."

엄마는 어린이집 선생님을 무시하는 발언을 자주 했던 것 같다.

엄마도 무섭고 이 아이도 무섭다! 너 커서 뭐가 되려고 그러니?

〈사례 3〉

어린이집에 작은 이슈가 있었는데 이건 어린이집 차원의 문제가 아니고 지역에서 해결할 문제였다. 그런데 화가 난 엄마는 담임 선생님께 이렇게 말했다.

"선생님, 솔직히 우리가 애들을 보내야 월급이라도 받고 밥벌이하는 거 아니에요? 이것 때문에 우리가 애들 어린이집에서 빼면 어쩌려고?"

담임 선생님은 아이들을 돌보고 가르치는 일이 좋아 대학원까지 다니는 열정 선생님이었다. 저 말을 듣고 한동안 힘들어하셨단다.

어린이집 교사는, 돈도 돈이지만 아이들을 돌보는 사명감으로 하는 일이다. 그런데 이 일을 단순히 밥벌이로 치부하고 밥줄을 끊겠다는 식으로 협박성 발언을 하다니. 같은 엄마 입장이지만 그 엄마 참 못났다.

코로나 장기화로 직업을 잃은 분도 많다. 어떤 일이든 고객(나에게는 환자들, 어린이집에는 아이들)이 있어야 한다. 고객이 왕이라는 전제가 있긴 하지만 어린이집은 내 아이를 돌봐주는 곳이다. 가끔 어린이집 학대 같은 무서운 소식도 들리지만 그건 극히 일부고 내 자식을 봐주는 고마운 곳이지 않은가.

그렇다면 어린이집 선생님들께 좀 더 존경을 보내자. 혹 존경이 안 된다면 아이 앞에서 욕은 하지 말고 당당히 딴 데로 옮겼으면 좋겠다.

나처럼 할머니 할아버지 찬스를 쓸 수 없는 엄마들이 딱 하나기억할 것은 어린이집에 과한 기대는 하지 말라는 것이다. 어린이집의 주목적은 돌봄이다. 내 아이를 잘 돌봐주는 것 하나로만족해야 한다.

어린이집에서 모든 것을 다 해주지 않는다. 한글도 가르치고운동도 가르쳐주길 원한다면 그런 것을 가르치는 곳으로 옮기면 그만이다.

유치원에서는 초등학교 입학 대비 알림장 쓰기나 한글 익히기등 준비를 더 시켜준다고 들었다. 하지만 나는 나의 퇴근 시간까지 아이들이 충분히 놀고 쉴 수 있는 곳, 더 길게 돌봄이 가능한곳이 필요해서 7세까지 다닐 수 있는 어린이집을 선택했다.

아이를 기관에 보내면서 불만을 쏟아내고 있다면 그 아이는무엇을 배울까?

부모는 아이의 거울이다.

아주 사소한 나의 행동이나 말 하나도 거울 보듯 따라하는 게아이들이다.

"힘들어 죽겠다"고 입버릇처럼 말하던 시절에, 첫째가 둘째한테 "너 때문에 힘들어 죽겠어" 라고 말하는 것을 들었다. 순간, 내가 무슨 말을 하고 다녔는지 정신이 번쩍 들었다.

아이들 앞에서 무심결에 했던 말투, 행동이 거울에 반사되듯 나에게 돌아오기 전에, 나를 돌아봐야 한다.

나 스스로 제대로 된 반짝이는 거울이 되자.

내 마음부터 돌보면서 아이에게 좋은 영향을 미치는 사람이 되자.

내가 빛나는 사람이 되면 우리 아이들은 더 빛나는 사람이 될 수 있다.

내 아이가 어린이집, 유치원, 혹은 학교에 다니고 있다면,
선생님들은 모두 귀인이다.
아이가 많은 시간을 보내는 장소에서
나 대신 엄마 혹은 아빠 노릇을 해주시는 분들이기 때문이다.
담임 선생님도 사람이다.
나한테 고맙다고 하는 사람한테 더 잘해주고 싶은 게 사람 마음이다.
특별히 선물을 사주거나 무엇을 더 하라는 것이 아니다.
마음속으로 감사하다고만 생각하면 아무도 모른다.
겉으로 대놓고 그 마음을 표현해보라는 뜻이다.
"감사합니다. 오늘도 수고 많으셨습니다, 선생님!"
"감사합니다" 라는 말을 루틴처럼 입에 달고 살면 살수록,
몇 배로 내게 감사한 일이 찾아온다.

출근 시간과 퇴근 시간, 아이들과 엄마의 골든 타임

아이가 둘이 되면서 자치구에서 운영하는 '아이 돌봄' 서비스를 이용하고 있다. 아이 돌보미 선생님은 아침밥 먹기, 세수, 등원 준비 후 어린이집에 가는 것까지를 담당해 주신다.

솔직히 맞벌이라고 돈이 더 모일 것 같은데 이런 돌봄 비용과 소소하게 들어가는 아이와 관련된 비용이 무시할 수 없다. 가끔 내가 등원을 시켜볼까 고민해본 적도 있다. 하지만 실제 돌보미 선생님이 휴가일 때, 몇 번 등원 준비를 시켜서 아이들을 기관에 보내고 일을 하러 갔더니 내 체력 소모가 너무 컸다.

물론 처음에는 아이들이 나랑만 등원하려고 해서 돌보미 선생님과의 적응도 힘들었다. 낯선 사람에게 적응하는 시간은 아이가 어리든 크든 필요하기 때문이다.

나처럼 아이들을 누군가에게 맡기고 출근하는 사람에게 제일 중요한 것은 '출근 시간과 퇴근 시간을 아이와 어떻게 보내느냐'라고 생각한다.

아이는 엄마가 충분히 사랑하고 있다는 것을 확인해야, 안심하고 엄마 아닌 다른 사람에게 갈 수 있다. 나는 뭣도 모르고 돌보미 선생님을 구한 초기에 출근을 서둘렀다.

마음은 바쁘고 출근을 빨리 해야겠다는 마음 말고는 눈에 들어오는 것이 없었다. 아이들이 하는 인사도 받는 둥 마는 둥 하고 집을 나섰다.

아파트 베란다까지 뛰어나와서 "엄마! 출근 잘해~" 소리치면서 큰아이가 악을 써댔다. "알았어, 안녕" 하고 건성으로 대답하고 출근을 했는데 돌보미 선생님께 문자가 왔다.

큰아이가 베란다에 선 채로 오줌을 쌌다는 것이다. 이제 제법 커서 7살인데도 실수를 했다고 말이다

사실 그것은 아이 잘못이라기보다는 내 잘못이었다.

관심과 애정을 충분히 받지 못해서 악을 써대다가 실수를 저지른 큰아이. 퇴근 후 집에 가서 나는 아이를 붙잡고 알아듣게 이야기했다.

"엄마가 앞으로 너 이야기 충분히 들어줄 거고, 네가 웃으면서 엄마 보내줘야 출근을 잘할 수 있어. 알겠지?"

"그리고 엄마가 너 많이 사랑해."

그렇게 아이를 꼭 안아주었다.

사실 내가 이런 엄마가 된 지는 얼마 안 되었다. 아이가 조금
만 실수해도 내 화를 못 이겨 소리를 있는 대로 지르고 쥐 잡듯
아이를 잡았었다. 아이들이 조금이라도 떠들면 아랫집이나 윗
집에 방해된다면서 아이들 목소리보다 더 크게 목소리를 높여
화를 내기도 했다.

그런 내가 달라진 것은 내 마음을 들여다보고 공부를 시작했
기 때문이다. 내가 진짜 화가 나는 이유가 아이 때문인지, 나 때
문인지 생각하는 시간을 갖고 긍정적인 마음을 가지려고 하다
보니 내가 달라져 있었다.

출근이 아무리 바빠도 아이를 충분히 안아주고 사랑한다고
말할 시간은 된다. 문제는 내 마음이 조급할 때다. 내 마음에 여
유가 없어서 자꾸 잊게 되지만, 아이들은 엄마가 자신을 얼마나
사랑하는지 표현해줘야 사랑을 느낄 수 있다.

그리고 퇴근 시간. 아이들도 엄마와 하루 종일 있고 싶어 한
다. 그러면서 또 친구들과 어울리면서 나름 인간관계에서 스트
레스를 받는다. 아이들을 데리고 와서 처음 마주할 때 엄마가
너를 얼마나 사랑하며, 보고 싶어 했는지 표현해보도록 하자.

가끔 순수하게 아이들이 "엄마, 회사 안 가면 안 돼요?" 라고

말할 때가 있다. 예전의 나는 그 질문을 듣는 순간 깊은 고민에 빠졌다.

'내가 무슨 부귀영화를 누리겠다고 일을 하고, 애들을 두고 출근하지?' 라는 생각에 일이 손에 안 잡혔다. 가정 경제에 대한 나의 기여 부분도 무시할 수 없고, 자기실현 욕구가 강한 나에게 언제나 이 질문에 대한 대답은 어려웠다.

하지만 이제는 당당하게 이야기한다.

"엄마도 일하는 동안 너희를 정말 보고 싶었어. 하지만 엄마가 하는 일도 중요해. 대신 집에 있는 시간 동안 더 많이 사랑해줄게. 오늘도 정말 잘했어."

나는 표현이 참 서툴렀던 사람이다. 말하지 않아도 다 알 줄 알았다. 이 정도 잘해주면 당연히 사랑한다고 느끼겠지 생각했다. 누군가를 만날 때 "너를 사랑한다" 라는 말을 상대가 안 해주면 섭섭해하면서, 정작 나는 먼저 "사랑한다"고 말하는 것에 인색했다.

티브이 광고 중 "말하지 않아도 알아요" 라는 노래가 유행하던 적이 있었다. 멋모를 때는 믿었는데 다 거짓이었다.

말 안하면 진짜 모른다.

사랑은 온 마음을 다해 표현해야 듣는 사람도 사랑을 알게 된다. 어린이집에 아이들을 맡긴다면, 아이들을 어린이집에 맡기기 전과 집에 데리고 온 후에는 제대로 사랑을 표현해보자.

"엄마는 너를 정말 많이 사랑해."

그리고 꽉 안아주기.

짧고, 돈도 안 들고, 효과는 매우 좋다!

바깥에서 일하고 왔거나
아이들과 잠시 떨어져 있다가
아이들을 만나면, 어김없이 바로 안아주자.
이 루틴은 신랑에게도 적용된다.
아이들을 챙기다 어느새 뒷전으로 밀린 신랑.
사랑받고 싶다는 그의 간절한 눈빛이 보이는가?
퇴근하고 들어온 '남펴니'를 와락 안아주자.
나 자체가 표현이 워낙 서툴러서
안아주기를 억지로 루틴에 넣었더니
'남펴니'가 '내펴니'로 바뀌는 미라클을 경험하고 있다.

내 아이의 불안, 혹시 나 때문일까?

맨 처음 큰아이가 상담을 받은 것은 둘째가 태어나고 큰아이가 여섯 살이 되었을 때다. 큰아이의 불안은 주로 소변으로 나타났다.

급하다면서 화장실에 안 가고 꼭 화장실 앞 바닥에다가 소변을 보고는 실수해서 미안하다고 울었다.

또 내가 출근 준비를 하면서 일찍 일어나 있으면 옆에 누우라고 소리를 쳤다. 이제 엄마 나갈 시간이라고 이야기를 해주어도, 자기 옆에 눕지 않으면 소리를 지르며 울다가 소변 실수를 하는 일이 반복되었다.

이즈음 강박적인 행동도 보였는데, 이불을 네모 모양으로 펴놓고 누군가가 살짝 밟기라도 하면 소리를 지르면서 울었다. 아이는 짜증이 늘었고 매일 매일 "엄마 미워"라는 말을 달고 살았다.

이 시기에는 나도 직장 업무가 너무 힘들어서 직장을 관두고 아이 옆에 있을지, 직장을 다녀야 할지 심각하게 고민했다.

아이는 한밤중에 한 번씩 깨는 행동을 반복하고 있었기에 나의 피곤함과 지침은 극에 달했다.

내 이야기를 들은 선배 엄마들은 아이를 심리 상담 센터에 데려가보라고 충고해주었다. 나는 별생각 없이 나의 불안한 마음을 달래기 위해 아이를 상담 센터에 데려갔다.

한 군데 상담 센터에서는 동생이 태어난 후 나타날 수 있는 퇴행 행동이니 시간이 지나면 나아질 수 있다고 했다. 치료를 꼭 해야 할지 말지 심각성 정도는 50% 정도이기 때문에 치료 결정은 엄마 스스로 생각해보라는 것으로 상담을 마쳤다.

또 다른 한 군데는, 아이의 정서 수준이 심각하다면서 우선 치료 10회를 끊어야 한다고 했다. 1주일에 적어도 두 번은 아이와 함께 센터로 오라는 것이다. 하지만 아직 어린 세 살짜리 동생을 맡길 곳도 없고 아이 둘을 다 데리고 올 자신이 없어서 결국 그 센터에서 치료를 받지 않았다.

집에 와서 신랑과 같이 이야기를 나눴고, 우선은 조금 더 사랑으로 지켜보면서 모든 일에 첫째를 더 우선순위로 챙기자는 이야기를 나눴다.

우리 부부는 그때부터 모든 일을 첫째 위주로 하기 시작했다.

아직 어린 둘째가 너무 귀여웠지만, 특히 첫째 앞에서는 더 귀여워하는 시늉도 하지 않았다. 아이는 서서히 나아졌고 별다른 치료 없이 그 시기가 지났다.

그 시기가 지나고 윤우상 선생님의 《엄마 심리 수업》이라는 책을 만났다.

아이가 문제가 있다고 생각하고 치료를 한다면서 여기저기 데리고 다니면, 엄마와 아이의 관계가 더 병들어간다는 내용을 읽었다. 힘들었던 그 시절, 내가 치료를 결정하지 않고 아이를 믿고 기다리며 사랑을 주었던 그 시간을 통과했던 것이 틀리지 않았음을 확인했다. 아마 그때 치료를 받으러 다녔다면 아이 둘 모두를 지치게 하고 결국 나도 지쳤을 것을 알기에 그 시기가 지나갔음이 너무나 감사했다.

아이가 불안하고 이상한 행동을 하는 것에 대해 일하는 엄마는 또 죄책감을 느끼게 된다. 일하는 것도 힘든데, 내 아이의 잘못이 모두 나 때문에 일어난 일이라고 생각하면 마음 편히 일도 할 수 없다.

물론 상담 센터에서 정말 문제가 있어서 꼭 치료를 받아야 하는 아이들도 있을 것이다. 하지만 단순히 어딘가에서 내 아이를 알아서 잘 치료해주겠지 라는 마음을 먹으면 안 된다. 우리 아이에 대해 어떤 마음을 갖고, 어떻게 대하면 좋을지 가장 잘 아는 것은 매일 지켜보는 부모, 그중에서도 엄마가 아닐까 한다. 우리 아이가 예민하거나 불안을 보인다고 해도 조금 더 기다리고 지켜봐주자.

많이 안아주고 사랑한다고 하는 말은 어떤 식으로든 아이들에게 통하게 되어 있다.

'왜 하필 나에게 이런 일이 일어나는 걸까?'
'왜 내 아이는 다른 아이들과 다를까?'
'동서네 아이는 말도 잘 듣고 착한데 왜 내 아이는 이럴까?'

삶의 모든 순간이 문제였다. 내 아이는 다른 아이들과 다르게 유별나게 까칠하고 예민하며 말도 듣지 않았다. 다른 집 아이들은 마치 천사처럼 말도 잘 듣고 비교될 정도로 순했다.

심지어 어떤 사람은 내가 임신했을 때 성별을 듣고, 남자아이가 아니라고 울었기 때문에 태교가 잘못돼서 아이가 그런 것 아니냐는 말도 거침없이 내뱉었다. 그런데 지나고 보니 내 마음만 바꾸면 모든 것이 해결될 터였다.

'내가 완벽하지 않듯이 아이도 완벽하지 않다.'
'내 아이는 조금 더 특별하고 감수성이 높다.'
'내 아이는 조금 더 상황에 적응하는데, 시간이 걸린다.'

내 죄책감이나 불안감을 해소하는 방법으로 긍정 확언과 명상이 큰 도움이 되었다. 자세한 방법은 뒷장에 처방전 형태로 적어두었으니 참고하길 바란다.

나도 엄마라는 역할이 처음이다. 좋은 엄마가 되기 위해서 꼭 완벽한 엄마가 될 필요는 없다는 걸 깨닫는 데 시간이 걸렸을 뿐이다.

나는 슈퍼우먼이 아니다. 내가 할 수 없는 부분이 아니라 내가 할 수 있는 부분에 집중했다.

바로 사랑을 퍼부어주는 것.

수시로 안아주고 사랑한다고 표현하는 것.

육아가 참 어렵다고 말하고 다녔다.
그럴수록 육아는 점점 더 어려워졌다.
주위에 부모 말 잘 듣는 아이들도 많은데
유독 내 아이만 말도 안 듣고 예민하다고 여겼다.
그런데 어느 순간 깨달았다.
남들은 사랑스럽다는 아이를
내 눈에만 까칠한 아이로 바라보고 있다는 것을.
"내 육아는 편하고 쉽다"라는 긍정 확언을
아침과 자기 전에 반복하고 있다.
정말 육아가 점점 쉬워지고 있다.
내 마음만 바꿨을 뿐인데.

팬더믹 시대
학부모가 된다는 것

큰아이가 작년에 초등학생이 되었다. 어린이집에 다니는 아이의 엄마로 사는 것과 학교에 다니는 아이의 학부모로 사는 것은 정말 다른 일이었다.

어릴 때는 오직 건강하기만 하면 모든 게 좋았다. 잘 먹고 잘자고 화장실도 잘 가는 아이가 가장 건강하다고 믿었다. 아플때면 가슴을 졸이며 '다 필요 없다, 오직 건강하기만 하라'며 마음을 다해 아이를 위해 빌었다.

내 어린 시절 기억 중 지금도 떠오르는 것은 부모님과 여행했던 바다, 처음 갔던 동물원, 언니랑 맛있게 먹었던 아이스크림, 재미있게 읽었던 책 같은 것들이다. 공부를 얼마나 했는지 무슨과목이 어땠는지는 지금 전혀 기억나지 않는다.

나는 한글도 모르고 학교에 들어가 초등학교에 다니면서 한글을 공부했고, 영어는 중학교에 가서 배웠던 세대다. 하지만 지금은 적어도 여섯일곱 살에 한글을 다 떼고 학교에 입학하는 친구들이 더 많다. 또 영어 유치원이라 부르는 학원에 다닌 아이들이 초등학교 1학년부터 영어를 완벽하게 구사하기도 한다.

우리 부부는 단순히 주위에서 맞벌이하는 집은 사립초등학교를 보내야 그나마 신경 쓸 일이 덜하다는 충고를 받았다. 특별히 사립학교에 보낼 생각이 없다가 10월에 원서나 한번 넣어보자고 딱 한 군데 지원을 했다. 그런데 덜컥 합격했다.

한글 공부도 제대로 안 하고 수 개념도 어느 정도만 익힌 채 남들은 미리 준비해서 보낸다는 사립학교를 보내게 되었다. 그래도 학교 수업 분위기에 익숙해지면 무엇이라도 배우고 오겠지 막연하게 기대했다. 그런데 '코로나' 라는 특수한 상황에 처했다. 아이들은 입학식은 물론 다 같이 모이지도 못했다. 모든 학교가 준비되지 않은 상황에서 우왕좌왕했고 초등학생은 EBS 수업을 듣기도 했다.

큰아이 학교는 처음에는 유튜브 채널을 이용한 수업, 이후로는 줌 온라인 채널을 통해 아이들과 소통하며 수업을 했다. 물론 이것도 학교에 가는 것이 아니기에 대부분 아이가 집에서 부모들과 이런 교육 환경을 접했다.

나는 맞벌이라는 이유로 아이를 학교 '긴급 돌봄 교실'에 맡겼다. 코로나 초기에는 마스크를 끼고 감염을 방지한다는 명목으로 아이들이 매시간 교실을 옮겨 다니며 수업을 들었다. 시간이 지나고 학교 교실에 칸막이가 설치되었고 최소의 인원만 받겠다는 돌봄 교실에는 일부의 학생들만 남게 되었다.

긴급 돌봄도 장소가 학교일 뿐, 교과 수업은 모두 줌으로 이루어졌다. 공립학교도 마찬가지지만 줌 수업에 집중하는 시간이 꽤 한정적이어서 주의력이 떨어지는 아이들은 수업을 제대로 따라가지 못했다.

내 아이는 가끔 교과서를 집으로 가져 왔는데 '모름'이라고 쓰여 있는 텅 빈 페이지가 너무 많았다. 왜 수업시간에 못 했냐고 물었더니 줌으로 말하는 속도가 너무 빨라서 어느 페이지인지 따라잡을 수가 없었다는 것이다. 이러니 아이들 사이에서도 교육 격차가 조금씩 커질 수밖에 없겠다 싶었다.

긴급 돌봄이 끝난 후 우리 아이는 가끔 운동장에서 놀고 왔는데, 다른 아이들이 하나둘씩 사라지고 마침내 우리 아이만 남는 경우가 많았다. 이른 하교 시간 덕에 어쩔 수 없이 친정엄마에게 하교 도움을 부탁드렸다. 친정엄마 말씀이 먼저 가는 아이들에게 어딜 그렇게 가냐고 물었는데, 다들 학원이나 교습소로 향하기 위해 서두르는 것이었다.

깜짝 놀란 건 초등학교 1학년인데 학습지를 포함해서 학원을 9개에서 10개씩을 다니는 아이들이 많았다는 거였다.

학교 분위기가 이러하니 나도 모르게 마음이 조급해졌다. 아이에게 7살까지 실컷 뛰어놀라고 했는데, 8살이 되니 공부가 신경 쓰이는 지극히 보통 엄마인 것이다.

아이를 학원에 보내서 퇴근 시간까지 아이 일정을 조정하려고도 해봤다. 하지만 주장이 강한 큰아이는 어떤 학원도 다니고 싶어 하지 않았다. 꼭 공부가 아니더라도 태권도나 미술 같은 수업이라도 듣게 하고 싶었지만 다 내 욕심이었다. 학원을 알아보러 갔다가 입구에서 "학원은 싫다!" 고 도망치는 아이를 잡으러 다니며 내가 너무 한심하게 느껴졌다. 하기 싫은 것은 죽어도 안 하겠다는 아이 앞에서 내 어릴 적 모습이 오버랩되었다.

나도 학원이 지독히도 싫어서 학창 시절에 제대로 끝까지 다닌 곳이 없었다. 피아노 학원도 6개월, 미술 학원도 3개월, 엄마가 거금을 들여서 사준 영어 교재도 백지상태로 버렸던 기억이 난다. 그렇지만 내가 하고 싶었던 일은 어떤 것이든 해냈던 게 떠올랐다. 나도 그랬으면서 애꿎은 아이를 잡으려 했다.

결국, 나는 아이가 흥미를 보일 때까지 기다리기로 했다.

아이는 집에서 그림도 그리고, 하고 싶은 몇몇 가지를 해보더니 1년이 지난 어느 날, 태권도를 배우고 싶다고 해서 2월부터 운동을 시작했다.

남의 집 아이가 무엇인가를 시작했다고 하면 부모들은 마음이 조급해진다. 나도 늘 그랬다. 우리 아이만 뒤처질까 봐 불안했다. 하지만 지금은 다르다. 앞으로의 세상은 학교 공부가 아니더라도 다양한 곳에서 지식을 쌓을 수 있는 곳들이 많다.

이수진 교수의 《온택트, 어떻게 가르칠 것인가?》에는 칸 아카데미가 소개되어 있는데, 칸 아카데미의 목표는 '전 세계 모든 학생에게 양질의 무상 교육을 제공하겠다'는 것이다. 모든 온라인 강좌가 무상으로 제공되어 온라인 세상에서 아이들이 다양한 수업을 받을 수 있다니 세상 참 좋아졌다.

지금같이 공교육이라는 이름으로 아이들을 한곳에 모아놓고 가르치는 일이 어쩌면 역사 속으로 사라질 수도 있겠다는 생각이 들었다. 이미 시작된 코로나와 같은 팬더믹은 앞으로 더 자주 일정한 주기로 계속 우리 삶에 스며들 듯 올 테니 말이다.

하지만 진리는 변하지 않을 것이다. 아이 스스로 동기를 부여하고, 자기 주도 학습을 할 수 있도록 흥미를 이끌어주는 것이 무엇보다 중요하다.

부모의 역할이란 배움에 대한 다양한 기회를 주고, 그 속에서 자신의 흥미를 발견하도록 독려하는 게 아닐까 한다.

나도 아직 학부모가 처음이라 많이 서툴지만, 우리 아이들이 살아갈 미래는 더 밝고 다양한 기회들이 공존하길 바래본다.

아이와 함께하는
미라클 수면 루틴

김연수 저자의 《9시 취침의 기적》을 읽고
'미라클 베드타임'이라는 온라인 프로그램에 참여했다.
일정한 루틴으로 아이를 일관된 시간에 재우는 것만으로도
아이의 자발성과 비인지 능력이 향상된다는 것을
직접 체험한 분이기에 믿음이 간다.
이후 《미라클 베드타임》 책에서도
일관되게 강조하는 바가 바로 수면 루틴이다.
팬데믹 시대라 학교에 안 가다 보니
아이들의 생활이 더 느슨해진다.
아이들 잠자는 시간만 일정하게 해도
가정에서 아이에게 화낼 일이 줄어든다는 것을 몸소 체험했다.
잠들기 한 시간 전부터는 집안 전체를 어둡게 하고
자는 방에서 책을 읽고 잠자리에 들고 있다.
더 자세히 알고 싶다면 위 책들을 참고 바란다.

"나는 내가 좋다!" 긍정 확언의 힘

"나는 내가 좋다!"

나의 아침은 이 말을 세 번 외치는 것부터 시작한다. 아침 기상 후 눈을 뜨면 제일 먼저 화장실로 달려가 거울을 보며 이 말을 외친다.

처음에는 어색하고 우스꽝스러웠다. 아침에 거울을 보며 미친 사람처럼 혼자 이런 말을 외친다는 게 영 어색해서 손발이 오그라드는 것 같았다.

나는 마음이 약하다는 말을 자주 들었다. 작은 일에도 상처받고 힘들면 울기부터 했다. 그래서인지 언젠가부터 거울을 보는 게 싫었다. 스스로가 너무 약하다고 생각되니 이런 나를 좋아할 수 없었다. 그런데 마음 관련 수업을 듣게 되면서 내 '생각'과 '감정'이 나의 '행동'에 영향을 미친다는 것을 알게 되었다. 또 '의식'보다 내 마음 속 '잠재의식의 힘'이 정말 크다는 걸 알 수 있었다.

엄청 솔깃하고도 매력적인 이야기였다. 다시 공부해서 약사가 되기는 했지만 늘 마음 한구석에 불안과 우울감이 있었다. 직장 일과 육아 일을 병행하며 삶이 힘들다고 생각했기 때문에 하루하루가 즐겁다기 보다 늘 우울했다.

이런 나에게 '나는 내가 좋다'는 선언은 그래서 더 매력적이었다. 집에서 혹은 바깥에서 어디든 할 수 있고, 돈도 들지 않으면서 나를 바꿀 방법이라길래 속는 셈 치고 시작했다.

첫날 아침에 거울을 보며 '나는 내가 좋다'를 외쳤다. 매우 어색하고 사실 나 스스로가 하나도 마음에 들지 않았다. 하지만 3,4일이 지나니 덜 어색했고 1주일쯤 되니 적응이 되었다. 그리고 계속 긍정 확언을 지속하면서 정말로 내가 좋아졌다.

'나는 내가 좋다' 라는 말을 반복하면서 깨달은 것은, 생각보다 나는 여태 잘 살아왔다는 것이다. 힘들게 공부해서 약사도 되고, 결혼해서 아이들도 낳고, 누군가가 보면 부러워할 인생인데도 늘 불평과 불만을 달고 살았음을 깨닫게 되었다.

이것을 시작으로 '자기암시 긍정 확언'이라는 것에 대해 더 공부를 하기 시작했다. 자기암시 긍정 확언이라는 것은, 잠재의식에 가장 큰 영향을 미치는 방법의 하나다.

암시는 '누군가에게 생각, 의도 등을 주입하는 것'이다. 그렇다면 자기암시는 '스스로에게 생각이나 의도를 주입시키는 것'이다.

프랑스의 약사이자 심리 치료사로 잠재의식과 암시의 본성을 탐구한 에밀 쿠에는 《자기암시》라는 책을 썼다. 그의 책에는 자기암시를 통해 다양한 사람들을 치료한 사례들이 나온다.

실제 에밀 쿠에는 책에서 "나는 날마다 모든 면에서 점점 더 좋아지고 있다" 라는 긍정 선언문을 하루에 20번씩 아침 저녁으로 자기 스스로 암시하라고 한다.

자신에게 긍정적인 말을 반복하는 것으로 잠재의식을 바꿔 자신의 감정을 바꾸고, 나아가 자신이 원하는 인생을 사는 데 도움을 준다는 것이다.

나는 이러한 자기암시 긍정 확언을 통해 몇 가지 놀라운 변화를 경험하였다. 우선 직장에서 몇몇 사람들을 힘들게 했던 직장 동료가 다른 부서로 갔다. (그녀는 우리 부서에만 10년 가까이 있었고 다른 부서로 옮길 생각이 없었다) 이때 나는 이런 자기암시를 스스로 반복했다.

"내 주위에는 좋은 사람만 가득하다."

주위 사람들이 점점 좋은 사람들로 채워졌고, 이러한 암시를 한 지 3개월 만에 회사 전체적으로 인사이동이 있었다. 그분이 그 명단에 포함된 것을 보고 소름이 끼쳤다.

또 나는 당첨 운이 별로 없는 사람이었다. 뭔가 응모는 해도 늘 결과는 좋지 않았다. 그런데 다음과 같은 확언을 통해 커피 쿠폰, 치킨 쿠폰, 책 선물 등 소소한 작은 행운들이 끊임없이 생겼다.

"나는 럭키 걸이다. 나는 운이 좋다."

주위에서도 이제는 내가 당첨이 잘 된다는 것을 알아서, 나에게 "약사님은 당첨이 늘 잘 되잖아요"라고 인정할 정도가 되었다.

나는 그저 나 스스로 '나는 운이 좋은 사람'이라고 긍정 확언을 했을 뿐이다.

사람은 보통 부모의 영향을 많이 받는다. 친정엄마는 무섭거나 기분 나쁜 꿈을 꾸고 나면 화장실에 소금을 뿌리곤 하셨다. 또 기분 나쁜 일이 있어도 현관에 소금을 뿌렸다. 그런 모습을 보고 자란 나는 밤새 무서운 꿈을 꾸고 나면 화장실에 소금을 뿌렸다. 그렇게 하고 나야 하루가 잘 시작된다고 믿었다.

그런데 소금을 깜빡 잊고 뿌리지 않은 날은 역시나 사나웠던 꿈만큼이나 하루가 끝나기 전에 재수 없는 일들이 연속적으로 일어났다. 자연스럽게 강박처럼 기분 나쁜 꿈을 꾸면 소금을 뿌려야 마음이 놓였다. 그런 행동에도 불구하고 나쁜 꿈을 꾼 날은 종일 기분이 찝찝했다. 그리고 실제 기분 나쁜 일이 일어나면 그 모든 것은 내 꿈 때문이라는 생각이 들었다.

자기암시 긍정 확언을 하고 가장 좋아진 것은 나 스스로에 대한 확신과 믿음이다. 오늘 좋은 일이 일어날 것이라는 긍정 확언을 하고 나면 나쁜 꿈을 꾸고 나도 기분이 나쁘지 않았고, 소금을 뿌리지 않아도 안심이 되었다.

실제로 나에게 일어난 어떤 일도 내 삶에 크게 영향을 미치지 않게 되었다.

그래서 나는 어떤 어려움이 닥치면 자기암시 긍정 확언에 새로운 항목을 추가하는 것으로 마음 근육을 다스리고 있다.

육아가 힘들 때는 육아에 관한 긍정 확언, 건강이 걱정될 때는 건강에 대한 긍정 확언 등 수많은 확언이 내게 용기를 주었다.

이런 잠재의식에 영향을 주는 확언은 언제 가장 효과가 좋을까? 거의 모든 책에서 '아침에 일어나자마자' 와 '잠들기 전'이 잠재의식에 영향을 미칠 수 있는 가장 좋은 때라고 한다. 물론 매일매일 수시로 중얼거리며 외치면 좋겠지만 그럴 시간이 없다면 단 두 번이라도 매일 실천하는 것을 다짐하자.

'아침에 일어나자마자' 와 '자기 전.'

긍정 확언을 만들 때 참고해야 할 사항은 절대 '부정형'이거나 '미래형'으로 만들지 말라는 것이다.

《잭 캔필드의 KEY》라는 책에 보면 긍정 선언문을 만들 때 참

고할만한 선언문 작성요령이 있다.

〈긍정 선언문 작성요령〉

- 긍정적이어야 한다.
- "아니다"와 같은 부정적 단어를 피하라.
- 현재 시제로 작성하라. (이미 그렇게 되었다고 믿어라)
- 될수록 짧은 문장을 사용하라.
- 구체적이어야 한다.
- "나는 ○○이다"나 "우리는 ○○이다" 같은 형식을 사용하라.
- 생동감 넘치는 언어를 사용하라.
  (자기 확언을 말할 때는, 생생하게 그 기분을 느껴라)
- 자기 확언문은 당신 자신을 위한 것이다.
  (다른 사람의 것이 아니 당신 자신의 행동 습관에 대해 다짐
  하는 말을 하라)

나도 이런 긍정 선언문의 규칙을 모를 때 '주택 담보 대출'을
갚으면서 막연히 "나는 반드시 빚을 갚는다" 라고 중얼거렸다.
잠재의식은 긍정과 부정을 인식하지 못한다고 한다. 나는 '빚'
이라는 단어를 선언문에 넣어서 갚아도 갚아도 빚이 또 생기는
경험을 한 적이 있다.

그 당시의 나는 '빚'을 갚는 게 아니라, '빚'에 늘 눌리는 느낌이 들었다. 돈을 버는 게 아니라 빚을 갚기 위해 직장을 다닌다고 생각하니 직장 생활 하루하루가 너무나 힘들었다.

이런 선언문 작성요령을 알고 나서 "나는 선한 부자다. 나는 여유롭다" 라는 그 당시 상태로는 말도 안 되는 선언을 하기 시작했다. 그런데 이런 상태로 6개월이 지날 즈음 신랑이 퇴직금 명목으로 미리 받았다면서 돈을 가져왔고, 친정엄마도 다음에 갚아도 된다면서 돈을 보태주셨다.

결론적으로 주택 담보 대출을 다 갚았는데 내가 어떤 식으로 갚을지, 돈이 어디서 들어올지 고민하지 않았다. 내가 한 것은 긍정 선언문을 반복했고 그냥 믿었다는 것뿐이다. 이때 생생하고도 긍정적인 감정을 느끼는 것이 핵심이다.

반복된 선언을 통해서 진짜 내가 부자가 된 것 같은 느낌을 받고 내 삶이 여유롭다는 믿음이 생겼기 때문에 긍정 확언이 진실이 되었다.

시작은 "나는 내가 좋다" 부터다.

지금부터 어려움이 닥치면 여러분 스스로 인생 처방전을 하나 작성하고 반복해서 외쳐라!

인생약사가 드리는 **마음 처방전**

교부 번호	**마음 처방전 2**			명칭	마음 약국
환자	성명		의료기관	전화번호	000-0000
	주민등록 번호			이메일주소	
질병분류기호	**부정적 생각**	처방 발행인	인생약사 염혜진	면허번호	00000
처방 약품의 명칭	1회 투약량		1일 투여 횟수	총 투약일수	용법
자기 긍정 확언	**외울 수 있을 만큼 짧고 긍정적으로!**		**2회 이상**	**평생**	**아침에 일어나자마자! 자기 전!**
사용 기간	**교부일로부터 평생**		**사용 기간 내내 거울을 보며 스스로 긍정적인 자기암시문을 선언합니다.**		

스트레칭과 명상으로 찾는
마음의 평화

"아, 힘들다!"

눈을 떠서 새로운 하루가 시작될 때 주문처럼 중얼거렸다. 그런데 힘들다고 하면 늘 힘든 일이 더 생겼다. 직장에 출근하기 전부터 피곤이 몰려왔고, 일하면서 자주 지쳤다. 그런 나의 피곤함은 곧 퇴근 후 아이들에게 짜증으로 이어졌다.

그렇게 악순환이 반복되니 마음을 돌보는 일도 중요하고, 몸을 챙기는 일도 필요하다는 것을 느꼈다.

변화하기로 한 순간, 나는 내 시간을 갖겠다면서 아침 기상부터 시작했다. 그런데 막상 생긴 내 시간을 어떻게 보내야 하는지 알 수 없었다.

검색을 해보니 많은 사람들이 아침부터 명상을 하고 있었다. 처음에는 눈을 감고 가부좌를 틀고 있는 것조차 힘들었고, 생각을 비워야 한다는데 오만가지 잡생각이 너무 많이 올라왔다. 명상에 대해 좀 더 공부하다 보니 생각이 올라오는 것을 인식했다면 호흡에만 집중하라고 했다.

김상임 코치님의 《마음을 아는 자가 이긴다》 책에서도 호흡법의 중요성에 대해 나와 있다. 나는 명상시간에 호흡에 집중하면서 내가 원하는 것을 상상하는 시간을 즐긴다.

실제로 원하는 것에 집중하고 강하게 상상하고 나면 마음이 벅차면서 눈물이 날 때도 있다. 이렇게 아침 시간에 내 호흡에 집중하고 내가 원하는 것을 상상하는 시간은 내 마음을 다스리는 데 큰 도움을 주었다.

명상을 하고부터는 아침에 일어나서 명상 후 스트레칭도 가볍게 한다.

처음에는 스트레칭이 아니라 아침 기상 후 바깥으로 나가서 달리기 혹은 수영 등의 운동을 배울 생각이었다.

생각난 김에 실행한다고, 새벽 수영 코스를 등록했다. 보통은 내가 새벽 수영이 끝나 집에 올 때까지 신랑이 출근하지 않아서 한 달쯤은 문제가 없었다.

그런데 수영을 배우고 한 달쯤 지난 어느 날, 신랑이 내가 새벽 수영에서 오기 전 출근을 했고 아이 둘만 집에 남는 일이 발생했다.

내가 집에 오기 전까지 늘 곤히 자던 아이들이라서 나는 당연히 아이들이 그대로 자고 있을 줄 알았다. 수영이 끝나고 출근 준비를 하려고 집에 돌아왔는데 집 안에 아이들이 없었다. 심지어 아이들 신발도 사라진 채 말이다.

나는 아침 7시부터 얼굴에는 눈물이 범벅된 채 아이들 이름을 부르며 미친 사람처럼 동네를 뛰어다녔다. 하지만 어디에서도 아이들 흔적이 발견되지 않았다.

아파트 관리사무소에 아이들 인상착의를 말하고 혹시 보게 되면 연락해 달라고 연락처도 남겨두었다. 이제 경찰서에 신고하는 일만 남았을까 고민하며 마음을 가다듬기 위해 일단 집으로 들어가기로 했다. 현관 비밀번호를 누르고 있는데 바로 앞집에서 문 열리는 소리가 났다.

거기 내복 바람의 우리 집 아이들 둘이 보란 듯이 버젓이 서 있었다.

엄마가 사라졌다면서 울며 현관 밖으로 나온 아이들을 발견한 앞집 할아버지가 문을 열어줬다고 한다. 나는 속이 타들어 갔는데 바나나를 먹으며 천연덕스럽게 웃고 있는 아이들을 보니 다시 감사의 눈물이 터졌다.

앞집 할아버지께 감사한 마음을 전하고 집으로 들어왔지만, 그 일이 있고부터는 아직 아이가 어릴 때는 바깥으로 나가서 하는 운동은 하지 않기로 했다.

대신 춥거나 덥거나 날씨와 관계없이 할 수 있고 집에서 편하게 할 수 있는 스트레칭 법(스쿼트, 플랭크, 목 돌리기 등)을 익혀 매일 꾸준히 5분 이상씩 하고 있다.

엄마로 살면서 깨달아야 할 것은 나를 챙기는 시간을 여유롭게 쓸 수 없다는 것이다. 하지만 여유롭게 쓸 시간이 부족해도 나를 돌보는데 소홀히 하지 말아야 한다.

나처럼 단지 5분 만이라도 스트레칭을 하고 틈을 내서 명상을 한다면 훨씬 여유로운 아침을 맞을 수 있다.

나는 별것 아닌 것 같은 행동도 내 루틴 목록에 넣으면 매일 실천하려고 노력했고, 그래서 특별한 날이 아니면 거의 빼먹지 않는다. 별것 아닌 것 같은 스트레칭을 매일 하니 예전보다 근육도 덜 뭉치고 아침에 기운이 넘친다.

중요한 것은 일단 시작하는 것, 그리고 그것을 꾸준히 유지하는 것이다. 하다 보면 시간은 차차 늘릴 수 있다. 그런데 일단 시작부터 해야 그 행동을 강화할 수 있다.

시간도 없으면서 과하게 욕심내서 어떤 운동을 시작하거나 생활 방식을 바꾸려고 하지 말자. 생활 속에서 실천 가능한 것들을 계속 만들어내야 지속하는 힘이 생긴다.

특히 나처럼 아직 아이가 어리다면 육아에 내 에너지를 더 쏟아야 할 시기이니, 갑자기 운동하겠다고 헬스클럽을 끊고는 몇 번 가다가 지레 포기하지 말기를 바란다.

내 인생에 좋은 루틴은 근본적으로 쉽게 다가가서 매일 할 만큼 만만하게 만들어야 꾸준하게 할 수 있기 때문이다.

(물론 스스로 계획한 모든 것들을 아이 생각하지 않고 할 수 있도록, 든든한 신랑이나 가족의 도움을 받을 수 있는 집이면 밖으로 나가서 하는 운동을 루틴에 넣는 것도 추천한다)

우리는 슈퍼 우먼이 아니다. 나도 슈퍼우먼이 아니다.

다 하려고 하지도 말고 더 크게 일을 벌이려고도 하지 말자. 그냥 내 에너지를 관리한다는 느낌으로 작은 변화들을 꾸준히 지속하자.

인생약사가 드리는 **마음 처방전**

교부 번호	**마음 처방전 3**			명칭	마음 약국
환자	성명		의료기관	전화번호	000-0000
	주민등록 번호			이메일주소	
질병분류기호	**피곤에 지친 몸과 마음**	처방 발행인	인생약사 염혜진	면허번호	00000
처방 약품의 명칭	1회 투약량		1일 투여 횟수	총 투약일수	용법
스트레칭과 명상	**최소 5분 이상**		**하루 1회 이상**	**평생**	**나만의 조용한 시간에 하루 한 번 이상**
사용 기간	**교부일로부터 평생**		**사용 기간 내내 틈틈이 스트레칭과 명상을 반복합니다.**		

PART 3

직장

출근할 곳이 있어
감사합니다

출근하는 평일보다 출근 안 하는 주말이 더 힘든 이유

나는 평일 풀타임 근무 외에도 주말 및 휴일 중 한두 번의 당직 근무를 한다. 결혼 전 아가씨 때는 주말이나 휴일 당직 근무 횟수가 더 많았다.

병원 약국이라는 곳은 병원에 입원한 환자가 24시간 상주하기 때문에 약사가 24시간 있어야 하고, 낮 근무 약사 외에 밤에 근무하는 야간 약사도 따로 있다. 우리 병원은 야간 근무 약사가 따로 있지만, 그렇지 않은 곳은 주간 약사가 야간 근무를 하기도 한다.

주말이나 휴일에도 야간 약사가 나오기 전까지는 주간 근무자가 있어야 하기에 우리 부서는 근무표를 짜서 평일 외 업무도 분담해서 일한다.

결혼 전에는 결혼한 사람들이 당직을 빼달라고 하는 것을 보고 불만이 참 많았다. 물론 당직을 하면 수당을 주기는 하지만 나도 주말이면 쉬고 싶은데 의도치 않게 당직 근무 횟수가 늘어나는 게 싫었다.

결혼한 사람들은 무슨 집안 행사가 그렇게 많은지, 당직 근무가 되는 날보다 안되는 날이 더 많으니 자연스럽게 결혼 안 한 사람들이 그 자리를 메웠다.

그 당시는 "토요일, 일요일을 연달아서 쉬는 게 소원이다" 라고 할 만큼 출근이 잦아서 출근 없는 주말이 참 행복했다.

물론 집에서 쉬어봤자 방바닥에서 뒹굴뒹굴하고 잡지를 읽거나 티브이를 보는 게 다지만 그래도 그런 유유자적한 기쁨이 있었다.

그런데 결혼을 하고 주부가 되어 보니 정말로 양쪽 집안에 소소한 행사들이 많았다. 얼굴도 모르는 친척들의 결혼식, 제사, 그리고 각종 모임 등. 내 한 몸만 건사하면 되었던 지난 시절이 참 행복했다는 생각이 들 정도로 내가 참석해야 할 일정이 가득했다.

그리고 아이가 생기니 이제는 그 행사와 더불어 아이와 함께하는 시간도 만들어야 했다. 평일에 못 해준 '아이와의 시간 보내기'는 나에게 하나의 의무감으로 다가왔다.

주말에라도 같이 놀아줘야 아이가 행복할 것이라는 마음이 컸다.

남들은 가봤다는 아쿠아리움 가기, 동물원 가기, 아이들 정서 발달에 좋다는 체험 등 아이가 좋아할 만한 일들을 다 하기에는 나의 주말이 너무나 짧았다. 그래서 결국 나도 당직 근무를 어떻게든 빼달라는 사람이 되었다. 아마 지금도 같이 일하는 결혼 안 한 직장 동료들이 왜 자기들이 더 당직 근무를 하는지 불만이 쌓일 수도 있다.

많은 책에서 상대방의 입장이 되어 생각해보라고 하지만, 막상 내 일이 많아진다고 생각하면 상대방 입장이 되어 생각하기가 쉽지 않다. 머리로는 이해가 돼도 감정적으로 받아들여지지 않으면 아무리 논리적인 설명을 갖다 붙여도 납득이 되지 않기 때문이다.

나도 당직을 덜 하게 되고 주말을 아이와 보내는 시간이 늘었다. 그런데 아이와 보내는 시간은 즐겁지만 그 시간 이후가 문제였다. 다음날이 일요일이 아니라 월요일이면 어김없이 엄청난 피로가 몰려와서 그다음 주 전체가 피곤했다. 심지어 연속 이틀 아이와 무엇인가를 하고 나면 몸 여기저기가 아파서 평일에 일하는 데 지장을 주기도 했다.

출근하는 평일에는 잠시 시간이 날 때 커피도 마시고 동료들과 수다를 떨 시간도 있다. 그런데 주말에 아이와 있을 때는 커피가 입으로 들어가는지 코로 들어가는지 모르게 후딱 마셨다. 또 깔깔 웃으며 도망 다니는 아이를 쫓아다니다가 다시 테이블로 돌아오면 어느새 내 커피는 식어 있었다.

그렇게 내가 원하던 연속 이틀 쉬는 주말은 내 기대와 달리 커피도 한잔 제대로 못 마시는 힘든 노동 같은 주말이 되어버렸다.

여전히 나는 프로 불만러였기 때문에 그럴 때마다 신랑에게 불평을 쏟아냈다.

"일 안 하는 주말이 더 힘들다. 진짜 평일에 일할 때도 몸이 힘든데, 주말에 아이와 있는 것도 힘드네. 차라리 주말에 일하는 게 나았어."

가만히 듣고 있던 신랑이 한 마디 던졌다.

"당신은 결혼 전에는 주말에 일해서 힘들다고 하더니, 지금은 주말에 일을 거의 안 하는데 또 힘들다고 하네. 좋은 면을 좀 바라보고 이야기 해봐. 어쩜 어딜 가나 나쁜 점부터 찾아?"

그랬다. 나는 일을 하면 일을 해서 힘들다고, 안 하면 차라리 일 하는 게 더 편하겠다고 말했다. 내 세상에는 온통 힘든 일만 가득하다고 늘 중얼거렸다.

삶을 좋은 것들로 채우려면 좋은 생각을 하라는데 나는 정말 어떤 좋은 상황에서도 나쁜 점만 찾았다.

내가 출근하는 '직장'이라는 곳에 대한 내 생각을 다시 정리해 보았다.

대학원을 졸업하고 처음 취직한 회사에서 2년을 일했고, 다시 공부해서 약대를 졸업한 후 대략 15년간 쉬지 않고 일했다.

아이를 낳고 키우며 육아 휴직과 출산 휴가를 보낸 그 몇 년을 제외하고 나는 늘 직장인이라는 신분으로 살았다.

아침에 눈을 뜨면 출근하는 삶.

어쩌면 나도 자유롭게 '약국'이라는 사업을 시작했을 수도 있었을 텐데 내가 보던 모습은 50년간 한결같이 직장으로 출근하던 회사원 아버지의 모습이었다.

누군가가 나에게 직장을 다니라고 한 적도 없고, 일을 놓지 말라고 강요한 적은 없다. 하지만 어릴 때부터 본 아버지의 성실한 모습은 내 뇌리에 깊이 남았다. 아버지는 주말이면 어김없이 가족을 위해 가까운 곳에 여행도 다니고 동물원이나 놀이동산도 데리고 가셨다. 비록 집 한 채밖에 없고 경제적으로 부자가 아닐지라도 나의 정서 통장을 가득 채워주시려고 늘 노력하신 분이다.

나는 직장을 다니면서 직장이 주는 감사함을 너무 간과했다.
눈을 떠서 일할 곳이 있고 일을 통해 경제적인 만족감과 자아를 실현한다는 기쁨. 그리고 그렇게 힘들게 일했기 때문에 주말에 오롯이 아이들과 보낼 수 있는 행복을 느낄 수 있다는 사실을 쉽게 잊어버렸다.

비록 아이들과 주말을 보내며 힘들지 몰라도 그 옛날 우리 아버지가 내게 주신 정서적 충만함을 우리 아이들도 반드시 나처럼 기억해줄 것이라 믿는다.

일하는 평일보다 주말이 더 힘들었던 것은 아이들 육아에 대한 의무감이었다. 꼭 무엇인가를 해줘야 할 것 같은 의무감 때문에 혼자서 힘이 들었다. 지금은 꼭 멀리 나가서 아이들에게 무엇인가 체험하게 해주려고 하기보다 가까운 동네 하천에라도 다 같이 걸어가 물고기라도 보여주려고 노력한다.

정서 통장은 물질적인 것보다는 정서적인 것을 더 채워주어야 한다는 것, 그리고 가족을 위한다고 놀러 다녀오고는, 힘들다고 화를 내면서 좋은 엄마가 되려고 애쓰지 않기로 했다.

일하지 않아도 행복하고 일을 해도 행복하려면 내가 이 일을 왜 하는지부터 기억하고 지금 이 순간의 충실함에 집중하자.

일요일 저녁만 되면 가슴이 답답하다가
월요일 아침이 되면 머리가 아프다!
당신의 병명은 직장인이 잘 걸린다는 그 병, 월요병이다.
회사 건물만 봐도 짜증이 난다면 이미 상태는 심각한 수준.
정 견디기 힘들다면 퇴직이나 이직도 있지만
당장 아무 계획 없이 회사 밖을 나가기엔 위험하다!
회사 욕을 한다고 해도 내가 지금 먹는 밥값은 어디서 나오는지,
아이들 학원비는 어디서 나오는지 생각해보자.
몇 번의 이직을 하면서 깨달은 바,
불만을 가지면 가질수록 나만 힘들다.
나는 아침 출근길에 머리가 복잡하면 음악을 듣는다.
요즘은 경제 용어를 정리하는 영상을 보기도 한다.
회사가 싫다면 이직 혹은 퇴사를 위해서
출근길에 다음 단계를 위한 공부 루틴을 추가하길 권한다.
복수란 말로 하는 게 아니라 행동으로 하는 것이다.
회사가 내 가치를 몰라주면, 당당히 (속으로) 말하자.
"나니까 여기 있어 주는 거야!"
내 가치를 높여 스스로 나갈 때 아무도 나를 잡을 수 없다.

나도 나를 위해
휴가를 쓰고 싶다

작년에 첫째 아이 학교에서 코로나 확진자가 발생했을 때였다. 아이가 타는 등원 셔틀버스 기사님이 확진된 것이다. 갑자기 학교 전체의 셔틀버스 운행이 중단됨은 물론 긴급 돌봄 교실 등교도 중단되었다.

당장 아이를 맡길 곳이 없는 상황! 우선 아침 돌보미 선생님이 평소보다 조금 더 아이들을 봐주시기로 하고, 그 사이 친정엄마를 불렀다.

내가 정말 급할 때 도움을 줄 수 있는 어른이 단 한 명이라도 주위에 없다면, 맞벌이 엄마들은 아무것도 할 수 없다. 오후에 친정엄마의 진료 예약이 있어서, 오전에 회사에 출근해서 부랴부랴 사정을 설명하고 반일 휴가를 받았다.

결혼 전이나 신혼 기간의 내 휴가는, 멀리 여행을 가거나 집에서 쉬기 위해 쓴 것이 대부분이었다. 그런데 결혼을 하고 아이가 자라니 아이들은 너무 자주 아프고, 지금처럼 의도하지 않게 발생하는 긴급한 일들이 참 많았다.

좀 더 오래 근무하신 분들이 '아이가 태어나면 휴가를 아껴 써야 한다'고 했던 말이 무슨 말인지 이해가 되는 순간이었다.

아이가 하나 더 태어나니 아이들이 시간차를 두고 아프기 시작했다. 하나가 아프면 다른 아이도 아팠다. 또 한 명이 다치면 또 다른 아이가 다른 일로 나의 일상을 멈추게 했다.

휴가는 내 것이 아니라 아이들을 돌보기 위해 쓰는 것이 돼버렸다.

직장을 다니며 아이를 둘셋씩 키운 분들은 대부분 아이를 봐줄 누군가가 곁에 있었다. 친정 부모님 혹은 시댁에서 아이를 맡아서 아예 전담으로 키워주시거나, 근처에 살면서 소소하게 도움을 주시는 경우가 많았다.

국가에서 아이를 낳으라고 출산을 장려하고는 있지만, 막상 아이가 태어나면 긴급한 순간에 아이를 맡길 곳이 없다. 휴가도 몇 번은 통하겠지만 자주 반복되면 아이 엄마들은 직장을 관두고 경력이 단절될 수밖에 없다.

꼭 일하지 않더라도 아이와 둘만 있는데 아이가 아플 때, 내 시간은 모두 아이와 함께해야 하는 시간이 된다.

출산 후 나라는 존재는 사라지고 아이와 내가 운명 공동체로 엮이게 되면서, 나는 아이를 참 많이 원망했다. 기쁨을 줄 때도 있지만 힘들고 지치게 하는 순간이 되면 '내가 왜 아이를 낳고 사서 고생을 하고 있나?' 라는 압박감이 심했다.

나는 두 번 다 자연임신을 했고 별 무리 없이 출산도 경험했다. 아이를 갖기 위해 정말 많은 노력을 하고 힘들어하는 사람들에 비하면 참 복이 많은데도 나는 늘 불평을 달고 살았다.

처음에는 아이가 언제 아플지도 모르니 휴가를 남겨야겠다고 생각하고 나를 위한 휴가를 마련하지 않았다.

아이가 아플 때 쓴 휴가 외에 다른 날 휴가를 얻어도, 아이와 무엇인가를 하기 위해 시간을 비웠다. 그런데 이런 식으로 하면서 불만이 더 쌓이고 집에서도 화를 내는 시간이 늘었다.

나도 내 휴가를 나만을 위해 쓰기로 결심했다.

육아와 집안일로 힘들 때마다 늘 혼자 있는 시간을 꿈꿨다. 누군가의 아내, 엄마가 아니라 나 자체로 온전한 시간을 보내고 싶었다.

그런데 결혼 후 신랑과 함께, 그리고 아이가 생기고 나서는 아이들과 함께하는 시간이 길어지다 보니 나는 '혼자 있는 시간'을 보내는 방법을 잊어버렸다.

나만을 위한 휴가를 보내기로 하고 처음 맞은 휴가.

막상 혼자 있는 시간을 그렇게나 만들고 싶어 해놓고, 정작 휴가를 내고는 집에 있다가 청소와 빨래를 하고 누워있기만 했다.

회사에서 일할 때는 시간이 참 안 가는데 휴가를 내고 집에 있으면 왜 이렇게 아이들을 찾을 시간도 빨리 오는지.

결국, 집안일을 좀 하다가 아이들을 찾아서 집에 데려오면, 의미 없는 하루가 지나갔다. 정작 휴가를 냈던 이유인 마음의 여유를 찾는 일은 못 했고 스트레스도 그대로였다.

그런데 아침 기상을 시작하고 일상의 다양한 루틴을 적용하다 보니 새로운 아이디어가 떠올랐다. 그날은 휴가라고 누구에게도 말하지 않고 출근 시간에 똑같이 집을 나왔다.

동네에 아주 잘 꾸며진 산책로가 있다. 처음으로 그곳에서 걷기를 시작했다. 아침에 출근이 바빠 길거리를 돌아볼 생각도 안 했는데 집 앞 산책길에는 아침부터 운동하는 사람들이 많았다. 또 아침의 공기가 너무나 상쾌했다.

이렇게 상쾌한 공기를 마신 후에는 아침 일찍 문을 연 카페에 갔다. 아무도 없는 공간에서 커피를 마시며 글을 쓰고 틈틈이 책도 읽었다.

드디어 나에게 맞는 힐링 방법을 찾아냈다!! 나는 걷거나 책 읽기, 글을 쓰는 것으로 스트레스가 풀리는 사람이었다.

또 다른 날, 휴가지만 마찬가지로 출근 시간처럼 밖으로 나왔다. 코로나 시국으로 갈 곳이 더 없어졌는데 두 가지 욕구가 올라왔다.

몸이 찌뿌둥해서 조용히 누워있고 싶다는 욕구 하나와 따뜻한 물에 몸을 담그고 싶다는 욕구.

코로나 이전에는 동네 목욕탕에 가서 따뜻한 물에 몸을 담그는 것도 좋아했다. 이제는 'ㅇㅇ목욕탕 확진자 몇 명' 이런 기사가 자주 등장하는 때라 엄두가 나지 않았다.

쉼이 너무 절실했다. 그즈음 힘든 일이 계속되어서 몸도 마음도 지쳤는데 다섯 시면 아이들을 찾으러 가야 하니 멀리 갈 수도 없었다. 이때 불현듯 어디선가 본 반나절 호캉스 패키지가 떠올랐다. 8시부터 체크인 할 수 있고 그 시간부터 12시간 있을 수 있는 가성비 좋은 비즈니스호텔이었다.

잠시 가서 누워있다가 몸이라도 담그고 와야겠다고 생각했다. 계획에 없던 행동이었지만, 생각하자마자 있는 쿠폰을 끌어모아 결제를 하고 입실을 했다.

방에 들어가니 내가 원하던 포근한 침대뿐 아니라, 욕실에는 욕조까지 있었다. 호텔 부대시설로 작지만 알찬 피트니스룸도 있어서 아침을 간단히 먹고 러닝머신으로 운동도 했다.

방에 들어와서는 욕조에 물을 받아 몸을 담그고 있는 것만으로도 세상을 다 가진 것 같았다. 비록 6시간만 머물렀지만, 그동안의 힘듦이 싹 사라지는 기분이었다.

직장을 다니지 않는 엄마들도 어린이집이나 기관에 아이들을 잠깐이라도 맡겨서 아이와 떨어져 있는 시간을 만드는 것이 필요하다고 생각한다.

아이와 24시간 같이 붙어 있으면서 힘들고 지치면 오히려 그 사랑스러운 아이에게 말이 곱게 안 나온다. 아이들은 우리가 생각하는 것보다 낯선 환경에 더 잘 적응한다.

우리에게는 아주 잠깐이라도 커피 한잔 마시면서 나를 위해 숨을 고르는 시간이 필요하다. 단 이웃집 사람들과 수다로 보낼 것이 아니라 오롯이 나만의 시간을 만들고 그 시간을 즐기도록 하자. 사람마다 다양한 종류의 힐링 방법이 있으므로, 여러 가지를 적용해보고 내가 기분 좋아지는 방법을 알아두면 좋다.

그림을 그리면서 힐링하는 사람, 캘리를 배우며 즐거움을 느끼는 사람, 만화책을 읽으면 기분이 좋아지는 사람 등 각자만의 방법은 자신이 제일 잘 알 것이다.

"나도 나를 위해 휴가 쓰고 싶어"라고 외치기만 할 게 아니라 진짜 그 시간을 '나를 위해' 만들면 된다.

단, 나를 진정으로 휴식하게 하는 시간, 내가 위로받고 힐링하는 시간을 어떻게 채울 것인지 고민하고 실제 적용해보자.

생각만 하고 행동하지 않으면서 한숨 쉬기는 이제 그만하기로!

아이들이 없는 하루 혹은 회사를 안 가도 되는 하루가 주어졌다.
자, 무엇을 할 것인가?
당신은 혼자 있는 시간을 만족감으로 채울 루틴이 있는가?
나는 혼자 시간이 주어질 때 조용한 공간에서
책읽기, 글쓰기, 걷기를 사랑한다. 또 코로나 이전에는
목욕탕에 가서 탕 속에 몸을 푹 담그는 것도 좋아했다.
내가 무엇을 좋아하는지 여러 가지 시도를 해보자.
그 행동을 했을 때 스트레스도 풀리고
힐링 되는 기분이 든다면
당신 휴가에는 반드시 그 루틴이 있어야 한다.
남들이 휴가 때 서핑을 한다고 해서,
몸을 움직이는 걸 좋아하지 않는 사람이
그 일을 따라해봤자 스트레스는 풀리지 않는다.
루틴으로 만들려면 다양한 시도부터 해보자.
나를 위한 휴가가 진정한 쉼이 되려면
나를 기준으로 생각하고 행동하는 것이 중요하다.
남도 아이들도 아닌 오직 나만을 위한 것들로
혼자 시간을 채워보자.

아이를 낳는 순간,
승진이란 단어는 조용히 지우자

약학대학으로 편입하기 전 다녔던 회사에서 나는 깜짝 놀랄 만한 사실을 깨달았다.

'일을 잘하는 것'도 중요하지만 '일을 잘하게 보이는 것' 혹은 '타이밍'도 중요하다는 것이었다.

신입사원인 내가 보기에 일을 잘하지 못해도, 소위 말하는 라인이라는 것을 잘 타서 승진을 잘하는 사람이 있고, 나름 성실하고 일도 잘하는데 승진운이 좀처럼 없는 사람들이 있었다.

그런 사람들을 보며 참 딱하다고 생각했는데 회사 생활을 하며 내가 후자의 사람이 될 줄은 몰랐다.

이전에 근무하던 병원은 신입 약사로 들어가서 3,4년이 지나면 주임, 그리고 주임에서 자리가 나면 계장, 과장, 부장이 되는 순서가 있었다.

늘 병원에 근무하는 약사들은 인력이 부족했기 때문에 승진의 기회가 있었다. 그래서 당시만 해도 직급을 단다는 것은 시간이 흐르면 자연스럽게 이루어지는 일이었던 셈이다. 물론 그 자리가 월급이 큰 폭으로 오르는 자리는 아니었다. 단지 오래 일한 것을 회사가 알아준다는 보상의 의미 혹은 책임이 생겨서 조금 더 분발해서 일하도록 사기를 올려주는 역할은 있었다.

나도 그곳에 입사한 지 4년 차가 되었다. 드디어 조금 다른 일을 하는 주임 자리에 내가 갈 줄 알았다. 내 순서기도 했으니 당연히 기대도 했다.

하지만 부장님의 호출을 받고 올라간 부장실에서, 예전에 여기 근무하던 약사가 다시 오기로 해서 내가 아니라 그 사람이 주임 자리에 간다는 것을 통보받았다.

꼭 그 일 때문이 아니라 여러 가지 일로 그곳을 나왔지만 어쩌면 그때 받은 상처는 내 마음속 승진에 대한 열망을 키웠다.

그 후 다른 직장으로 옮겼는데 마침 내가 들어간 시기가, 일하던 사람 중 반 이상이 나가고 인력이 부족한 때였다.

풀타임 근무로 들어가서 그나마 오전에 사람이 많을 때는 견딜 만했지만, 오후에 사람이 없을 때는 4명이 근무하던 곳에서 2명이 일할 정도로 업무 강도가 강했다.

첫 아이를 임신해 산전 검사를 위해 휴가를 냈을 때 빼고는 사람이 부족해 휴가도 제대로 못 냈고 아이를 낳고는 육아 휴직이란 구실로 겨우 쉴 수 있었다.

하지만 문제는 복직 후였다. 그새 많은 인력이 채워졌지만 나는 신입 시절보다 더 다양한 업무를 배치받았다.

주사 조제실에 사람이 없으면 주사 조제실로, 외래 약국에 사람이 없으면 외래 약국으로, 점심에 사람이 없으면 점심 당번으로 이곳저곳을 옮겨 다녔다.

아직 아이가 어리고 매시간 자다가 깨는 시기라서 잠은 늘 부족하고 일은 지쳤다. 언제라도 관두려고 마음을 먹었지만, 대출금이 발목을 잡았다.

'조금만 더 버티자, 조금만 더 버티자'를 외치다 보니 결국 둘째를 출산하고도 회사로 돌아왔다.

둘째를 낳고 복직 후 내가 바라던 것은 단지 연차에 맞는 일을 하는 것이었다. 마침 복직 후 주사 조제 부서 책임자 자리가 비었고 그 자리에 내가 들어갔다. 신입이 하는 일이 아닌 다른 일을 할 기회가 드디어 생겼다.

하지만 기쁨도 잠시, 내가 업무를 맡은 지 3개월도 안 돼서 기계가 말썽을 부리고, 다른 부서와의 갈등, 5명 퇴사 등 크고 작은 악재들이 겹쳐서 평소 절반의 인원으로 일을 해야 하는 상황이 1년간 지속되었다. 무엇을 증명하려고 했는지 모르겠지만 지금 다시 하라면 절대 못 할 만한 일들을 그 당시 구성원들과 같이 해냈다. 인원은 적었지만 서로 합심했고, 버티면서 정도 들었다.

그렇게 내 인생에서 다시없을 1년을 살았다. 그 후 오래도록 행복하게 잘 살았다고 동화처럼 쓰고 싶지만 내 인생은 동화가 아니었다.

그 1년이 지나고 책임자급으로 일하는 자리는 다른 사람들로 채워졌다. 나는 어차피 또 아이를 낳고 출산 휴가와 육아 휴직을 쓸 사람으로 분류되어 다른 부서와 긴밀하게 소통해야 하는 책임자 직무를 할 기회는 다시 오지 않았다.

아이를 낳는 순간 승진이란 단어에 집착하지 말아야 한다. 머리로는 아는데 마음으로 받아들이기가 쉽지 않아서 한동안 힘들었다. 새로 들어온 신입 약사와 같은 일을 할 때, 나보다 뒤에 들어온 사람들이 책임자 자리로 갔을 때, 누군가의 위로도 아무 소용없었다.

직장인으로 산 지 17년, 약사가 돼서 약사로 일한 지 15년이 되었다. 그중 13년을 병원이라는 곳에서 일했으니 강산도 한 번 바뀔 만한데 아직 나는 그 자리에 있다.

마음이 힘들었던 시기가 지나고 마음이 편안해지는 아주 좋은 방법을 터득했다.

바로 내 마음만 바꾸면 어떤 곳이든 천국이 된다는 것이다.

나는 아직 일할 수 있는 직장이 있고, 건강한 몸이 있다. 아이들은 건강하게 잘 자라고 있고, 시간이 지나면서 육아도 나아지고 있다.

직장에서 비록 승진은 못 했어도, 든든하고 마음 좋은 동료들이 있고 같이 일하고 대화하며 즐겁게 생활하고 있다. 내가 하는 일은 보람도 있고 가정 경제에도 보탬이 된다.

내가 하는 직장의 일은 예전과 똑같다. 단, 나는 스스로 정한 루틴을 이어 나가면서 누구와의 비교가 아닌 '어제의 나'보다 단 하나라도 '더 나은 나'가 되기 위해 노력한다.

이 정도만 하던 내가, 이만큼이나 하는 나로 스스로 바뀌는 중이다.

지금 자리에서 힘들다면 딱 하나만 바꿔라. 바로 내 마음이다. 아무도 함부로 할 수 없고 나를 바꾸면 세상을 보는 눈도 달라진다.

....

나보다 뒤 연차로 들어온 사람인데
어느새 내가 그 사람 지시를 받는 일을 하고 있는가?
나도 그랬다. 자존심도 상하고 내 능력치에 대해 화가 나기도 한다.
하지만 그 사람, 육아 휴직이나 출산 휴가도 쓰지 않고 일했다.
회사에 기여하는 충성도로 보면 더했지 결코 덜하지 않았다.
내 마음을 바꿔보는 일, 생각보다 쉽지 않을 것이다.
회사에 배신감을 느끼지 않으려면
회사에 대한 내 기대치를 낮추면 된다,
'내가 여기서 얼마나 열심히 일했는데!'
'내 청춘을 여기다 바쳤어.'
아무도 당신한테 그렇게 하라고 하지 않았다.
혼자 열정에 불타다가 혼자 화내고 혼자 부당하다고 말한다.
나는 회사에서 뭔가 해주길 바라지 않게 되었다.
회사 이름을 떼고 나라는 사람으로 당당하게 살고 싶어서
글도 쓰고 강의도 기획한다.
회사일 외에 다른 곳으로 열정을 돌려보시길.
세상은 언제나 당신을 필요로 한다.

회사형 인간과 가정형 인간
그 중간의 회색 인간

결혼 전 식품 회사에 다닐 때는 저녁 식사는 거의 회사에서 먹었다. 일하다 보면 야근을 하게 되고 야근을 하려면 당연히 식사까지 해야 했다. 그때는 결혼한 사람들이 일찍 가는 것을 보며 '다들 집에 뭐 그리 좋은 게 있다고 빨리 가는 걸까?' 라는 생각을 했다. 막상 내가 결혼을 하고 보니 남아서 근무하는 일은 결혼한 사람에게, 특히 아이가 있으면 더 부담스러운 일이었다.

지금 회사에서 하는 주사 조제 업무도 한동안은 일반회사의 야근과 같이, 업무 외 시간에 남아서 일을 하던 때가 있었다. 각자 요일을 정해 자신이 맡은 날, 일이 들어오면 일을 하고 없으면 집에 가도 되는 식이었다. 그러니 5분 대기조처럼 퇴근 전까지도 내 순서에 일이 들어올까 조마조마하며 컴퓨터 화면을 응시하다가 집에 가는 일을 반복했었다.

'내 순서에는 제발 일이 없기를~.'

내 순서에는 이렇게 중얼거렸다. 물론 일이 있으면 일을 하고 오긴 하지만, 어린이집에서 나를 하염없이 기다릴 아이를 생각하면 일도 손에 잡히지 않았다.

대부분 결혼한 사람들의 이야기를 듣다 보면 신랑들은 '회사형 인간'으로 지내며 야근도 하고 외근도 많아 혼자서 아이를 돌보고 집안일도 하는 어려움을 호소한다.

나도 매일 늦게 오는 신랑 때문에 "애는 둘이서 만들고 왜 나만 혼자 아이를 키우냐?"며 불만을 토로한 적이 많았다.

물론 남자들이 일부러 회사에 충성을 바치려고 그런 것은 아니다. 아내와 아이들을 위해 하기 싫은 일을 하면서 버티는 남편들, 이 세상 남자들도 참 힘들게 애쓰고 있다.

아는 분이 남편은 직장 상사의 취향에 맞춰 주말에도 자전거 라이딩과 등산을 같이했는데 최근 코로나 덕분에 모임이 없어졌다고 한다. 지금 세대가 들으면 말도 안 된다고 생각하는 야근, 주말 모임 등을 우리 아버지 세대나 우리 세대는 당연한 듯 회사에서 요구하는 대로 받아들였다.

이렇게 회사형 인간으로 살면서 회사와 나를 동일시하고 내 삶을 회사에 바치다 보면 나라는 사람은 오직 회사로만 증명할 수 있다. 그래서 회사 일이 잘못되거나 회사를 떠나 사회 밖으로 나오면 그들의 상실감은 더 커진다.

친구 회사의 부장님은 중학생인 딸과 아내를 놔두고 극단적인 선택을 했다. 남겨진 가족과 지인들의 슬픔은 이루 말할 수 없을 것이다. 가족들도 몰랐다고 한다. 그분이 회사 일로 그렇게 힘들었다는 것을.

그런가 하면 가정을 중요시하는 분위기에 발맞추어 '내 가정'에 더 집중하는 사람들도 많다. 요즘은 육아와 출산을 장려하는 다양한 정책이 잘 실현되고 있다. 불과 10년 전만 해도 내가 이직을 위해 여러 병원에 전화를 해보았지만 출산 휴가를 주는 곳이 몇 곳, 육아 휴직까지 주는 곳은 손에 꼽았다.

나는 이직 당시 딱 하나, 아이를 키우며 다닐 수 있는 곳인가만 살펴보았다. 꽤 이름 있고 큰 곳들도 사정이 마찬가지라서 회사 이름과 직원 복지가 다르다는 사실을 깨달았다.

사회 전반으로 나아지기는 했지만, 여자들이 아이를 낳고 일을 관둘 수밖에 없는 경우의 수들이 너무 많다. '경력 단절 여성'이란 말은 있지만 '경력 단절 남성'이란 단어가 없는 이유다.

지금은 출산, 양육 정책이 잘 실현되어 남자들도 육아 휴직을 쓰는 경우가 많다. 조금 더 가정과 일을 양립하는 일이 수월해지고 있다.

김은미 대표님이 쓰신 《대한민국이 답하지 않거든 세상이 답하게 하라》에서 보면 육아 휴직 등을 통해 회사나 사회로부터 받은 '배려'를 당연히 누려야 할 '대접'이라고 여겨 제도를 악용한 사람의 이야기가 나온다.

예전 내 직장에도 임신을 안 순간부터 모든 일에서 빠지고 특정한 일 하나만 하겠다고 한 동료가 있었다. 임산부라고 못할 일도 아니었는데 심지어 돌아가면서 섰던 점심 당번 업무도 하지 않았다. 그런데 그 여파가 나에게 미쳤다. 그분이 하지 않겠다는 모든 일이 너무나 당연한 듯 내 업무에 더해졌다.

아침에는 이 부서 업무, 점심에는 당번 업무, 오후에는 저쪽 부서를 옮겨 다니며 발에 땀이 나게 일했던 시절이었다. 그 당시 나는 농담처럼 다른 동료들한테 '북경 나비 효과*'를 겪는 중이라고 말하고 다녔다.

누군가는 확실하게 하나만 선택하라고 할지도 모르겠다. 회사에 조금 더 충성할 것인가, 가정에 조금 더 충성할 것인가.

하지만 작은 틈새 시간도 아껴서 고민하며 치열하게 사는 우리에게 단 하나만 선택하라는 것은 나에게도, 주위 사람들에게도 가혹한 행위다.

● 중국 북경 나비의 날갯짓이 미국 뉴욕의 허리케인을 일으킬 수 있다는 미국 기상학자 에드워드 로렌츠의 이론으로, 작은 변화가 결과적으로 엄청난 변화를 초래할 수 있다는 뜻이다.

그래서 나는 회색 인간으로 살기로 했다.

회사 일을 할 때는 그 순간 회사 일에 최선을 다하지만, 회사가 내 미래를 책임질 것이라고 기대하거나 과하게 애쓰지 않기로 말이다.

회사와 나를 분리했을 때도 '나' 라는 사람으로 독립할 수 있는 사람이 되려고 한다. 또 집에서도 완벽한 가정처럼 보이기 위해 아내, 엄마로 사는 내 역할에 너무 공들이지 않는다.

직장을 다니면서 반찬을 여러 개 하고 집안도 깨끗하게 유지하는 일은 어차피 내가 할 수 없는 일이었다. 조금 힘들면 밥도 시켜 먹고 집이 조금 지저분해도 그 상황에 적응해야 나도 마음이 편하고 숨통이 트였다.

지금 그대로 우리는 괜찮다.

내가 지금 있는 곳에서 최고의 집중력을 발휘하되 너무 완벽해지려고 애쓰지 말자.

물론 옆 동료나 내 남편이 신경 쓰일 수 있다. 그들은 분명 나에게 더 많은 것들을 바라고 있다. 하지만 내가 말하는 회색 인간은 누군가에게 민폐를 끼칠 만한 행동을 하라는 것이 아니라 자신이 있는 그곳에서 최선을 다하되 중도를 지키자는 말이다.

누군가의 기분을 맞추거나 기대에 부응하려는 순간, 나라는 존재는 저 바깥으로 밀려난다. 나이기에 행복한 삶을 응원한다.

....

사람마다 역치가 다르다.
어떤 사람은 집을 1주일 안 치워도 사는 데 불편함이 없고
어떤 사람은 하루만 안 치워도 마음이 불편하다.
치우길 좋아하는 아내와
치우는 것을 귀찮아하는 남편이
한집에 산다면 "왜 맨날 나만 치우냐?"며
아내가 남편에게 시비 걸 확률이 높다.
단지 다를 뿐인데 받아들이기가 참 힘들다.
결국, 치우기가 포기가 안 되는 사람이 다 치우게 된다.
이때 상대가 도와주면 고맙고 안 도와주면
어쩔 수 없다는 마음으로 해야 마음이 덜 상한다.
그래도 혼자 하는게 싫다면 원하는 바를 분명히 말하자.
거실은 당신이 치우고, 화장실은 내가 치우겠다는 식으로.
가정에서도 치이고 회사에서도 치이는데
상대가 무엇인가를 더 하라고 다그치면,
회색 인간이 아니라 변색 인간이 될 수도 있다.
완벽하지 않은 나와 상대방을 위해
"고맙다"라는 말을 달고 살자.
"고맙습니다!"

직장에는 반드시
동지가 필요하다

나는 혼자 있는 것을 좋아하는 사람인 줄 알았다.

학창 시절, 책을 빌릴 때를 빼고는 도서관에 거의 가지 않았다. 나에게 도서관이라는 곳은 책을 빌리는 곳이지 공부하는 곳이 아니었다.

어쩌다 도서관에서 공부할 기회가 생기면 내 앞자리 혹은 옆자리에 사람이 있는 것이 신경 쓰여 재빨리 그곳을 벗어났다. 사람들과 함께 있는 상황이 싫었고 차라리 조용히 혼자 집에서 공부하는 것이 좋았다.

사회에 나와서도 주로 혼자 일하는 약국의 근무 약사로 일을 했고 사람들과 교류할 틈이 별로 없었다. 그러던 내가 작은 사회인 병원 약국이라는 곳으로 직장을 옮겼다.

병원에서 일하는 약사는, 일반 사무직보다 몸 쓰는 일은 많고 다른 부서와 교류가 적고 구성원 대부분은 여자들이다.

약대 공부를 다시 하기 전 나는 식품 회사에서 잠시 근무했다. 그곳에서는 다른 부서와의 협업이 중요했고, 각자 맡은 일만 잘 처리하면 됐었다. 내가 맡았던 업무는, 내 일이 많아 야근할지언정 다른 사람의 일을 맡느라 늦게까지 남는 일은 아니었다.

그에 비해 지금 하는 일은 정해진 시간에 정해진 약이 나가야 하기에, 어떤 일이든 그 시간 안에 반드시 일을 끝내야 한다. 그러니 두 명이 일해도 한 명이 느리면 그 사람 몫만큼의 일을 지금 당장 내가 해야 한다. 팀워크가 중요하고 같이 일하는 사람의 조합도 중요하다.

혼자 일하던 나는 병원 근무 연차가 늘어날수록 다수의 사람과 하는 일에도 익숙해졌다. 병원 일은 그날 주어진 업무를 시간 안에 하지만, 회사처럼 길게 가는 프로젝트는 없어서 몸은 힘들어도 마음은 더 편했다.

둘째 출산 후 일 년의 휴직 기간을 거쳐 복직했다. 딱 하루 인계를 받고 주사 조제 파트로 배치 받아 일한 지 두 달쯤 지났을 때였다. 일이 익숙해질 즈음, 차례로 다섯 명이 관두었다. 남은 인원은 새로 들어온 신입 둘과 2년 차 약사 한 명 그리고 나.

평소의 절반 인원으로 예전에 하던 일 그대로를 해야 했다. 다른 파트도 여유가 없었기에 우리에게 주어진 인원은 딱 그뿐이었다. 하루하루가 전쟁이었다.

여섯 명이 하던 일을 오전에 네 명, 오후에 세 명이 할 수밖에 없었다. 일의 양은 평소랑 같거나 가끔은 더 많았다. 심지어 둘은 신입인데도 따로 배움의 시간을 갖지 못하고 배우면서 일을 해나갔다.

그래도 다행인 건 신입들이 모두 배움에 적극적이고 한 번 말하면 모든 것을 다 알아들었다.

가끔 이 인원도 결원이 생기는 날에는 전날 밤잠을 설쳤다. 내일은 무사히 일을 다 끝낼 수 있을까? 내일 사고는 없을까?

이 시기, 큰아이는 동생이 생겨서였는지 퇴행 행동을 보이며 하루가 멀다하고 이불에 소변을 봤다.

집에 가면 빨래와 육아, 회사에 오면 인원 부족. 지금 생각해도 제정신이 아닌 나날들이었다.

내가 회사에서 할 수 있었던 최선은, 몸이 너무 힘들다는 직원들에게 사비로 밥을 사고 어떤 점이 불편한지 그들의 말을 내내 잘 들어주려고 노력했다는 것이다.

그 시기, 누구도 힘들어서 도저히 못 하겠다고 말하지 않았다.

어떻게든 서로 돕다 보니 인원이 여섯 명 있을 때보다, 일이 더 빨리 끝날 때도 있었다. 그 인원이 똘똘 뭉쳐 1년을 버텼다. 힘들 때 누구 하나 빠지지 않고 내 일처럼 일했다. 그들 덕분에 힘들어도 단 한 번의 사고 없이 무사히 업무가 잘 돌아갔다.

딱 1년 후 다른 보직으로 모두 자리를 옮겼지만, 우리 사이에는 끈끈한 전우애가 생겨나 있었다. 하지만 지금 다시, 그때처럼 일 해보라고 한다면 아무도 못 한다고 고개를 젓는다.

이 일을 통해 나도 나를 다시 돌아보았다. 나는 혼자 일하는 것보다 사람들과 일하는 것을 사랑하는 사람이었다.

엊그제 그때 그 동지 중 둘과 점심을 함께했다. 그중 한 명은 다시 그 파트 업무로 갔는데, 우리가 함께하던 시절에 비해서 사람이 배로 늘었지만 일이 원활하게 돌아가지 않는다고 했다.

서로 눈치를 보고 누가 일을 더 하고 덜 하고를 신경 쓰느라 의견이 분분해서 일의 진척이 더디다는 것이다.

그때 우리는 누가 먼저랄 것도 없이 외쳤다.

"라떼는 말이야, 드림팀이었어!"

마음이 맞지 않는 열 명과 일하느니, 마음 맞는 세 명만 있어도 할 수 있는 게 일이다. 물론 죽을 만큼 힘들지만 못 할 것도 아니라는 것.

모든 일은 결국 사람이 하는 것이다. 지금 있는 곳에서 나오는 모든 불만은 어쩌면 일이 아니라 사람의 마음을 얻지 못해서 벌어진 일들의 결과다.

직장에는 동지가 필요하다. 이 동지의 의미는 단순히 '일을 같이하는 사람'을 지칭하는 게 아니다. 마음을 나누고 서로를 격려하는 사람들을 당신의 '동지'로 만들어야 한다. 특히 나를 싫어하는 누군가의 괴롭힘 때문에 힘들다면, 더더욱.

(진상 불변의 법칙을 아는가? 어디나 진상은 존재하고, 만약 없다면 그 사람이 바로 당신일 수도 있다!)

나도 예전 직장에서 힘든 일이 있을 때마다 같이 모이는 5명에게서 힘을 얻었다. 나쁜 상사의 언행에 같이 화도 내주고, 잘한 일은 격려도 해주는가 하면, 내가 못하는 일을 대신 해주기도 했다. 그래서 버텼고 퇴사 후에도 '옹달샘'이라는 모임을 결성해 끈끈하게 유지하고 있다.

좋은 동지를 만난 당신!
직장 일도 한결 쉽고 일하는 재미도 느낄 수 있을 것이다.

직장 동료는 내가 선택할 수 없다.
일이든 마음이든 안 맞는 사람은 어디나 있기 마련이다.
예전에는 사람에 대한 스트레스를 불평과 수다로 풀었다.
누군가에 대한 험담은 사람들을 결속시키고 하나로 만들기도 한다.
하지만 다들 돌아서면 불안하다.
'저 사람이 내 이야기는 어디서 어떻게 할지 알아?'
내 긍정 확언 중의 하나가 '내 주위에는 좋은 사람만 있다'라는 것.
계속 되뇌면 정말 좋은 사람들이 내 주위에 모여든다.
또 일이 힘들 때는 '내가 하는 일은 뭐든 쉽다'라고 외친다.
(속으로 중얼거려도 충분하다.
갑자기 외치면 남들이 이상하게 볼 수 있다)
꼭 시도해보길 바란다.

감사 일기, 쓰는 순간 세상이 달라 보인다

처음 '감사 일기'라는 것이 있다는 걸 접했을 때 의아했다.

'아니 감사하면 감사한 거지 그걸 왜 일기로 써?'

학창 시절 숙제로 내주는 일기 쓰기는, 정말 하기 싫은데 억지로 쓰는 것이었다. 나는 누군가가 나에게 강제로 시키는 일을 어릴 적부터 무척 싫어했다. 성격상 누군가가 '이거 해라' '저거 해라' 하는 말이 듣기 싫어서, 어떤 일이든 그런 말이 나오기 전에 내가 알아서 먼저 해놓았다.

'감사 일기'라는 어감 자체가 내게 그다지 좋은 느낌은 없었지만, 쓰는 사람들은 '감사할 일'을 매일 찾아 쓰기 때문에 '일기'라는 형태로 표현했다고 해석했다. 처음 시작하는 사람들은 하루 세 가지 정도의 감사할 일들을 찾아서 적어보라고도 했다.

달라지겠다고 생각하고 일찍 일어나 며칠 동안은 입으로 중얼거려본 적은 있지만, 실제 써보지는 않았다. 펜을 잡아본 지도 오래되었고 굳이 손으로 꼭 써야 할까 하는 생각도 들었다. 그러다가 손으로 쓰면 더 효과가 좋다는 말을 들었다.

나도 한번 감사 일기를 써보자고 생각하고 처음 펜을 든 날이었다.

이렇게 불만 많은 인생에 감사할 것이 뭐가 있을까? 일도 힘들고 아이 키우기도 힘들고 나는 늘 지치는 게 대부분인데 감사할 것이 있기는 할까?

그러다가 맨 처음 떠오른 것은 '건강'이었다.

'우리 가족 모두 건강해서 감사합니다.'

또 떠올려보니 두 다리를 뻗고 잘 수 있는 집도 있었다.

'따뜻한 집이 있어 감사합니다.'

그리고 직장이 있어서 매일 출근도 하고 돈도 벌고 있었다.

'다닐 수 있는 직장이 있어서 감사합니다.'

이렇게 계속 생각을 하며 적다 보니 감사 일기에 세 개만 적으려던 것도 점점 늘어났다. 그렇게 몇 줄을 쓰면서 나도 모르게 눈물이 흘렀다.

'내가 가진 것이 이렇게 많은데 여태 참 많이 불평했구나.'

나는 삶에서 일어나는 모든 일에 대해 늘 좋은 면을 바라보려고 하지 않고, 오직 문제에만 집중했다. 그래서 삶이 힘들었던 시기에는 남들은 다 행복한데 왜 나만 불행한 것인지만 생각했다.
내가 나쁜 일들을 떠올리면 더 나쁜 일이 일어났는데, 나는 불만만 가득한 채 남들이 잘되는 것만 부러웠다.
한마디로 나는 '프로 불만러'였다.

하지만 감사 일기를 매일 쓰면서 감사할 것을 찾다 보니 삶 속의 모든 것들이 감사할 일 투성이었다. 동료가 커피를 사준 것도 정말 감사하고, 내가 일하고 있는 것도 감사했다.
아이를 갖지 못해 힘들어하는 사람도 있는데 나는 자연임신으로 아이 둘 모두를 출산했다. 늘 육아 때문에 지치고 힘들다고 소리쳤는데 나에게 온 귀한 보물들을 알아보지 못하고 배부른 소리만 하고 있었다.

월러스 워틀스의 《부자가 되는 과학적 방법》이라는 책에 이런 문구가 있다.
"좋은 것들이 생길 때 신에 감사하면 할수록 좋은 것들을 더 많이, 더 빨리 얻게 될 것이다. 감사하는 마음 자세가 축복을 가져다주는 원천과 우리를 더욱 긴밀하게 연결해주기 때문이다."

오프라 윈프리는 자신의 책《내가 확실히 아는 것들》에 "10년 넘게 빼먹지 않고 감사 일기를 썼고, 매일 짧게나마 짬을 내어 감사한다면 크게 감탄할 결과를 맛볼 것"이라고 조언하고 있다.

감사 일기를 쓰면서 내가 가장 달라진 점은 문제를 바라보는 나의 관점이 바뀐 것을 들 수 있다. 감사 일기를 쓰면 관점력을 키워준다고 들었는데, 이게 무슨 뜻인지 별로 와닿지 않았다. 그런데 같은 문제에 대해서 '컵에 물이 반밖에 없네'가 아니라, '컵에 물이 반이나 있네. 감사하다'로 바뀌는 것 같은 놀라운 체험을 하게 되었다.

같이 일하는 사람 때문에 너무 지친 날이었다. 평소 같으면 '왜 나에게 이런 일이 일어나지?'라고 또 불평했을 텐데, 감사를 생활화하며 나는 '저렇게 하지 말아야지 깨닫게 해줘서 감사하다'로 마음을 바꿀 수 있었다.

이렇게 작고 사소한 일 하나부터 노트에 적어나가면 된다.

감사 일기는 자기 전에 작성해도 되고, 나처럼 아이를 돌보느라 책상에 앉을 시간도 없는 사람은 아침에 쓰는 것도 추천한다. 시간을 내서 천천히 감사한 것들을 적어보는 게 중요하다.

일단 시작하고 나면 감사할 일들이 생각보다 많다는 것에 한 번 놀라고, 적다 보면 점점 감사할 일들이 더 많아져 또 놀라게 될 것이다.

오늘도 나는 아침에 감사 일기를 적으며 충만한 하루를 보낼 것을 다짐한다. 나에게 또 한 번의 값없이 주어진 오늘이 왔음에 감사한다.

삶의 매 순간을 '감사'로 채우다 보면 기적을 경험할 수 있다.

그러니 집안일 하고 아이도 키우고 남편도 남의 편이라고 느껴질 때조차 잠깐의 틈을 내서 감사 일기를 써보자.

이 책을 읽는 당신에게 감사를 보냅니다.

인생약사가 드리는 **마음 처방전**

교부 번호	**마음 처방전 4**			명칭	마음 약국
환자	성명		의료기관	전화번호	000-0000
	주민등록 번호			이메일주소	
질병분류기호	**불평 불만**	처방 발행인	인생약사 염혜진	면허번호	00000
처방 약품의 명칭	1회 투약량		1일 투여 횟수	총 투약일수	용법
감사 일기	**감사를 느낄 만큼 충분히**		**매일 1회 이상**	**평생**	**그날을 정리하는 취침 전 혹은 아침 기상 후**
사용 기간	**교부일로부터 평생**		**사용 기간 내내 틈틈이 감사할 일을 찾고 입으로 외치고, 손으로 적으면서 감사함을 느껴봅니다.**		

독서와 필사가
삶에 스며들면 생기는 일

누군가가 나에게 요즘 즐거움이 무엇이냐고 묻는다면 나는
감히 한마디로 말할 수 있다.

바로 책 읽는 즐거움이다.

물론 처음부터 이랬던 것은 아니다.

중고등학교 학생 때는 진짜 책을 좋아했는데 대학교 입학 이
후로 거의 책을 안 봤다. 거기다가 남들 4년이면 끝나는 공부를
나는 전적 대학교 4년, 대학원 2년, 다시 약대 편입 3년간 책을
보고 나니 공부 자체가 넌덜머리 났다.

학교 공부와 책 읽기는 분명 다르지만, 그 당시는 다 똑같이
느껴졌다. 약사가 된 후 본 책은 전공 서적뿐이고 약대 졸업 후
10년간 읽은 책은 다해서 10권이 채 되지 않는다.

그러다가 나만을 위해 마련한 아침 시간에 뭐라도 봐야겠다

는 마음으로 책을 집어 들었다.

한때 노숙자였고 《더 미라클!》이라는 책을 쓴 조 바이텔 박사도 자신을 책벌레라고 칭했으며, 《부의 추월차선》을 쓴 엠제이 드마코도 리무진 운전기사 일을 하면서도 책을 놓지 않았다.

성공자들의 공통점은 모두 지독한 책벌레라는 것이다.

나는 성공자가 되겠다는 거창한 마음이 아니라 그냥 일찍 일어나서 딱히 할 일이 없었기 때문에 자연스럽게 책을 봤다. 책을 한 권 한 권 읽기 시작하니 그동안 어떻게 책 읽는 즐거움을 잊고 살았는지 놀랄 정도로 빠져들었다.

처음에는 단순히 책만 읽었는데, 어느 날부터 필사를 시작했다. 나의 마음을 울리는 글귀, 나에게 도움이 될 만한 내용을 책과 노트에 손으로 적기 시작했다.

그냥 읽는 것보다 손으로 쓰면서 읽으니 뭔가 책을 꼭꼭 씹어 먹는 것 같은 기분이 들었다.

《책 쓰기가 이렇게 쉬울 줄이야》를 쓴 양원근 대표님도 새벽에 두 시간씩 책을 읽고 필사를 하며 생각을 정리한다고 한다.

필사하고 내 삶에 적용할 것들을 찾다 보니 내가 어떤 삶을 살고 싶은지 계속 구체적으로 상상하게 되었다.

'나는 무엇을 좋아하는가?'

'나는 무엇을 잘하나?'

'나는 무엇에 관심이 있을까?'

'나는 어떤 사람인가?'

40년 넘게 한 번도 생각해보지 않았던 질문들이 폭풍처럼 내 머릿속에서 쏟아져 나왔다.

책은 나를 더 넓은 세상으로 안내하려고 나타난 안내자 같았다. 책을 읽으면서 좀 더 구체적인 내 꿈을 그려보게 되었다.

그러다가 《파리에서 도시락 파는 여자》 켈리 최 회장님의 특강을 들었다. 자신이 관심 있는 분야가 있다면 적어도 그 분야의 책 100권을 읽어야 한다고 하셨다. 그리고 그것을 읽는 것으로 그치는 게 아니라 자신의 삶에 적용해야 한다는 말씀도 잊지 않았다.

나는 한동안 오직 책을 읽는 데만 집중했다. 책을 읽는다는 행위 자체에 빠져서 뭔가 한 것 같고 으쓱한 느낌이 들었다. 그런데 삶에 어떠한 특별한 변화도 없었다. 단지 독서와 필사를 통해 마음이 단단해지고 있다는 느낌만 받았다.

관심 분야가 무엇인지도 잘 몰랐고 닥치는 대로 읽었기 때문에 머릿속에 많은 것이 남지 않았다.

하지만 읽은 내용을 하나라도 실천하겠다는 마음을 가지면서 다양한 행동을 하기 시작했다.

게리 켈러, 제이 파파산이 쓴 《원씽》에 이런 말이 나온다.
"탁월한 성과를 경험하려면 아침에는 생산자가 되고, 오후에는 관리자가 되어라."
이 문구를 읽고 아침에 하던 루틴에서 독서 시간을 빼고 틈새 시간에 책을 읽는다.
아침에는 긍정 확언, 명상과 스트레칭, 감사 일기, 필사 및 글쓰기만 남겼다. 아침 시간은 글도 잘 써지고 내 생각도 명확하게 정리되는 생산자의 시간이다.

나는 《더 플러스》의 저자 조성희 대표님이 운영하는 '조성희 마인드 스쿨'에서 '마인드파워 쿠치' 과정을 수료했다. 여기서 배운 마음 관련 강의 내용을 적다가, '인생 번영회'라는 모임에 대한 아이디어도 이 시간에 들어왔다.
한편 직장에서는 일하면서 틈틈이 책을 읽는다.
가방에는 늘 책 한 권이 들어있다. 어디서든 짬이 날 때는 책을 읽고 중요한 부분이나 기억하고 싶은 부분은 필사하거나 메모해둔다.

이렇게 독서를 통해 좋은 영향을 받고 나니 다른 사람에게도 함께 책을 읽자고 하고 싶었다. 나는 직장 내에서 친목 모임도 하고 있는데 이 모임에도 적용해, 한 달에 한 번씩 책을 읽고 감상을 나누는 시간을 가지고 있다. 다들 처음에는 책 읽는 것에 거부감을 나타냈고 실제로 두 명은 탈퇴했다.

하지만 자신이 읽은 내용을 서로 나누고 감상을 주고받으면서 좋은 영향을 받고, 서로 책을 추천하다 보니 다양한 분야의 책도 읽으며 시야를 넓히고 있다.

자칫 지겨워질 수 있는 회사 생활 속에서 같은 책을 읽고 의견을 나누는 것만으로도 친밀감과 유대감이 형성된다.

또 내가 운영하는 '인생 번영회'에서도 서로 좋은 책을 읽고 나누고 싶은 부분을 같이 공유한다.

직장을 다녀와 저녁이 되면 김연수 작가의 《미라클 베드타임》에 나온 것처럼 식사를 일찍 챙기고 아이와의 유대에만 집중하고 취침과 공부 습관을 잡으려고 노력한다.

이렇게 책을 읽고 응용할 일들을 고스란히 내 삶에 적용하고 있다. 나는 '내 삶의 경영자' 라는 마음으로, 독서를 통해 얻은 지혜들로 하루를 경영한다.

부자든 가난한 사람이든 모두에게 공평하게 주어진 단 하나,

바로 '시간'이다.

책을 통해 앞서 나간 사람들의 공통점을 발견하고 내 삶에 적용해보는 재미가 있다.

물론 나도 처음에는 책을 안 읽다가 한두 권으로 시작했고, 흥미가 생기지 않았다면 지속할 수 없었을 것이다.

책을 읽는 사람이 되려면, 처음에는 자신이 흥미 있어 하는 분야의 책부터 읽어야 한다. 누군가가 권해서 읽는 지루한 책들은 책에 관한 관심을 멀어지게 한다.

내가 관심 있는 분야, 즉 재테크면 재테크, 자기계발이면 자기계발 등 관심 있는 분야에서 시작해보는 것을 권한다. 또 여러 권을 읽는 게 중요한 게 아니라 한 권을 읽더라도 제대로 읽어 자기 삶에 실천한 만한 것을 직접 실행해야 효과가 있다.

독서는 '내 삶을 어떻게 살 것이지' 고민하도록 돕는다

내가 내 삶의 경영자로 살기 위해 나는 오늘도 치열하게 책을 읽는다. 그리고 필사를 통해 마음의 근육을 더 단단하게 만들고 있다.

직장인이라면 잠시 회사에서라도 틈을 내서, 집에 아이가 어리다면 아이가 낮잠을 자는 그 시간이라도 잠깐의 독서를 통해 풍요의 마인드를 장착해보자.

직접 만날 수 없는 대가들의 생각을 책을 통해 훔치고 따라해 보라. 삶이 조금 더 풍요로워질 것이고 시간의 걸리더라도 조금씩 더 나아지는 자신을 발견하게 될 것이다.

인생약사가 드리는 **마음 처방전**

교부 번호	**마음 처방전 5**			명칭	마음 약국
환자	성명		의료기관	전화번호	OOO-OOOO
	주민등록 번호			이메일주소	
질병분류기호	**마음의 양식 부족**	처방 발행인	인생약사 염혜진	면허번호	OOOOO
처방 약품의 명칭	1회 투약량	1일 투여 횟수	총 투약일수		용법
독서와 필사	**1쪽 이상**	**1회 이상**	**평생**		**독서 시간을 확보해 매일 책을 봅니다. (틈틈독서 추천)**
사용 기간	**교부일로부터 평생**		**사용 기간 내내 자투리 시간에도 책을 읽습니다.** **좋은 글은 필사를 통해 마음에 담습니다.**		

PART 4

내 마음

'시간 거지'에서
'마음 부자'로 가는 법

옆집 603호 엄마는
아파트가 두 채라는데

지금 집으로 이사오기 전에 살던 아파트에는 좋은 추억과 나쁜 추억이 공존한다. 아파트에서 나는 크고 작은 소음이 있을 때마다 수시로 전화를 하던 아랫집 남자는, 심지어 우리가 외식하기 위해 밖에 나갔을 때도 아이들을 조용히 시키라고 전화를 했다. 우리가 집에 없다고 하면 거실에 불이 켜져 있는 것을 확인했다고 하며 믿지 않았다. 거실 불을 켜놓고 갔는데 그걸 또 올라와서 확인까지 했다고 하니 소름 끼쳤다.

회사에서 매일 늦게 오는 신랑, 퇴근 후 혼자서 애 둘을 보며 아이가 뛴다는 항의 전화가 와도 우리가 뛴 게 아니라고 아랫집에 내려가 말할 용기가 없었던 나.

가장 소름 끼쳤던 일은 지친 하루, 아이들을 재우고 나 혼자 티브이라도 볼까 싶어 거실로 나왔을 때였다.

집안 불은 다 꺼져 있었는데 아랫집 문이 열리는 소리가 나더니 우리 집 쪽으로 올라오는 인기척이 느껴졌다.

"아니잖아, 씨×."

그 무렵 우리 아이들이 안 뛰는데도 계속 전화가 와서 신랑이 강경하게 대응하겠다고 했더니, 어디선가 뛰는 소리만 나면 일일이 확인을 하러 우리 집 쪽으로 올라오고 있었던 것이다!

티브이에서 보던 층간 소음으로 칼부림이나 사고가 나는 장면이 떠올랐고 어두운 거실에서 숨을 죽이고 한참을 울었다.

하지만 그곳에 살면서 좋은 이웃도 만났다. 옆집에 아들 둘을 키우는 엄마가 있었다. 늘 웃는 인상이 좋은 옆집 사람은 살림도 야무지고 손재주도 많았다. 나에게 새것 같은 자기 집 아이 옷도 물려주고 가끔 솜씨를 발휘해 쿠키도 구워서 갖다 주었다.

어느 정도 친해져 밥을 먹으며 이야기를 하다가 놀라운 사실을 알게 되었다. 그 집 신랑이 재테크를 잘해서 지금 사는 집 말고 다른 집까지 집을 두 채 마련했다는 것이다.

옆집 사람은 우리 집처럼 아이가 둘이었지만 외벌이임에도 불구하고, 맞벌이인 나보다 형편이 좋아 보였다.

순간, 나 스스로가 얼마나 한심한 생각이 들던지.

맞벌이라는 핑계로 집은 엉망에, 아이들을 어린이집에 보내지만, 등원을 위해 돌봄 비용도 들고, 나는 늘 지친다며 불만이 가득했다. 돈은 버는데 어디로 새는지 안 모이고, 집 사느라 받은 대출은 이자 내기도 버거웠다. 그러니 직장을 쉽게 관두지도 못하고, 아이를 잘 돌보는 것도 아닌 이러지도 저러지도 못하는 상황들이 연속되었다.

그 무렵 대학교 때 알던 친구들과 오랜만에 연락이 되었다. 한 친구는 근무 약사로 일하던 약국의 약국장님이 아파서 얼결에 그 약국을 인수했다고 한다. 그런데 심지어 그 건물에 병원까지 새로 들어와서 행복한 비명을 지르고 있었다.

같이 졸업했는데 나는 월급쟁이 병원 약사로 아등바등 살고, 누구는 행운이 연속으로 오는 것처럼 좋은 일이 연달아 일어났다. 부럽기도 하고 질투도 났다.

그 질투의 감정에 사로잡히면 내 처지에 대해 한탄하고 세상을 탓하는 것이 습관처럼 되고 만다. 옆집 사람은 지독히도 운이 좋아 아파트가 두 채인 사람, 약국을 연 친구는 행운이 연속으로 온 사람 등. 그들은 나와 다르고 운이 좋은 사람이라고 치부해버려야 내 속이 편했다.

하지만 나중에 깨닫고 보니 그들은 무척 치열하게 살고 있었다. 업무 시간 외에 시간을 쪼개서 부동산 공부를 하고 남보다 더 열심히 발로 뛰어다녔고, 자기 약국도 아닌데 자기 일처럼 열심히 일하고 스스로 기회를 만든 사람이었던 것이다.

누구도 나처럼 방구석에 앉아서 아무것도 안 하면서 머릿속만 복잡한 사람들이 절대 아니었다.

질투의 안경을 벗고 나니 나라는 사람이 참 못나고 한심했다. 그리고 그들을 진심으로 이해하고 나니 질투는커녕 진정한 축복을 보낼 수 있었다.

물론 처음부터 이해하고 받아들일 수 있었던 건 아니다.

아침 기상부터 시작해, 새벽에 거울을 보며 긍정 확언을 외치고 명상, 스트레칭, 출근 전 감사 일기를 쓰고 좋은 글 필사하기, 틈틈이 책 읽기, 걷기 생활화, 틈틈이 글쓰기 등등 누군가가 보면 별것 아닐 것 같은 나만의 작은 루틴들을 매일 실천하다 보니 사람에 대한 태도나 주변 상황에 대한 이해의 폭이 넓어졌다.

이렇게 작은 루틴들을 무한 반복하고 깨닫지 않았다면, 나도 누군가를 질투만 하며 시기 어린 눈빛을 보냈을 것이다.

조성희 대표의 책 《더 플러스》에도 질투의 감정은 부정적인 감정이라고 강조한다. 오히려 다른 사람의 부를 축복해야 내가 발산한 만큼의 축복과 행운이 온다고 했다.

"당신의 부에 축복을 보냅니다. 그리고 나에게도 행운이 오고 있습니다."

오늘부터 누군가의 좋은 일에는 무조건 이 말을 해주자.

나에게는 늘 좋은 것들이 오고 있다.

아직도 세상은 공평하다고 착각하는가?
세상은 원래 불공평하다!
나보다 더 가진 사람도 많고, 더 멋진 사람,
더 잘난 사람들이 엄청 많다.
비교나 질투라는 안경을 쓰기 시작하면
마음이 지옥이 될 수밖에 없다.
나는 아침 명상시간에 전날 혹은 최근
나를 괴롭게 한 일들을 떠올려본다.
그리고 내 머릿속에 쓰레기통을 하나 만들고
거기다가 그 생각을 집어넣는 연습을 한다.
그런데도 해소가 안 된다면? 노트에 조용히 글을 쓴다.
내 감정을 적는 순간 감정의 크기도 작아진다.
여전히 감정의 해소가 안 되는 일이 있으면
차를 타고 나간다. 목적지가 있다기보다는
차 안에서 있는 대로 소리 소리를 지르면서 욕을 한다.
아무도 안 듣지만, 감정이 가장 빨리 해소된다.
차가 없다면? 사람 없는 넓은 운동장에서
재빨리 소리를 지르고 빠른 속도로 나올 것.

나 혼자 뒤처지는 것 같은 기분이 들 때

　대학 졸업 후 부모님은 빨리 돈을 버는 것이 좋겠다고 하셨지만, 나는 공부를 더 하고 싶다며 석사 과정에 등록했다. 부모님께 경제적으로 부담을 줄 수 없기에 장학금도 받고 과외 아르바이트도 계속했다. 그렇게 아등바등 공부해 학교에 계속 남을 줄 알았지만 박사 과정까지 할 정도로 의지가 불타지 않았다.

　결국, 석사 졸업 후 쫓기듯 무난해 보이는 회사에 취직했다. 이때 어디라도 좋으니 들어만 가겠다는 생각에 내 전공과 관계없는 마케팅 업무로 첫 직장 생활을 시작했다.

　회사 생활 2년 동안 즐거운 일도 많았지만 힘든 일이 더 많았다. 하루하루 버티다가 퇴사를 결심했다.

　내 나이 27살에 그렇게 백수가 되었다.

　남들이 부러워할 만한 학벌을 가졌는데 회사는 안 다니는 딸.

부모님의 자랑이던 딸은 순식간에 집안의 천덕꾸러기가 되었다.

집에서 쉬니 퇴직금은 왜 이렇게 빨리 사라지는지. 이즈음 친구들은 하나, 둘 결혼 소식을 전했다. 나는 남자친구는 물론 친구도 별로 없었다. 퇴사할 때 세운 계획은 약학대학에 다시 들어가는 것이었는데 집에서 공부하다 보니 의지가 점점 더 약해졌다.

'네가 다시 공부한다고 해봤자 원하는 걸 얻을 수 있을까?'

머릿속에서 끊임없이 나를 괴롭히는 나 자신의 목소리와 싸우는 것이 제일 힘들었다. 마음을 다시 다잡았다가, 어느 날은 포기했다가를 반복했지만, 공부를 놓지는 않았다. 그렇게 시험 준비를 했고 어렵사리 약학대학에 편입해 공부도 마쳤다.

막상 학교를 졸업하고 약사가 되고 나니, 주변 친구들이 더 많이 결혼해 아이까지 낳기 시작했다. 나는 공부를 한다는 핑계로 사람을 만날 기회조차 없었다. 뒤늦게 결혼을 결심해 본들 점점 만나 볼 남자들의 수도 줄어들었다.

이제 나는 평범하게 결혼하고 아이 낳고 사는 친구들이 너무 부러웠다.

뭔가 인생에서 중요한 시기에 해야 하는 일들을 다 놓치고 사는 느낌이 들었다.

나만 뒤처지고 낙오자가 된 것 같은 기분에 사로잡혔다.

이러한 생각들이 나를 집착으로 이끌었다. 누군가를 만나면 결혼할 생각이 먼저 드니 조급해지고 이런 나의 조급함을 눈치챈 상대방은 무례했다. 어느 한쪽으로 치우친 건강하지 못한 관계는 쉽게 끝이 났다.

혼자서 자유롭게 살겠노라 결심했을 때 만난 사람과는 매 순간이 즐거웠다. 그냥 매 순간 충실했다. 그렇게 신랑과는 물 흐르듯 결혼이 진행되었다.

돌이켜 보면 나는 쫓기듯 삶을 살았다. '학교 졸업 후에는 취직을 해야 하고, 때가 되면 좋은 사람을 만나 결혼하고 아이를 낳아 행복한 가정을 꾸린다'는 것이 머릿속에 공식처럼 있었다. 머릿속에 있는 해야 하는 일 목록들을 죽 늘어놓고 제시간에 못 해 뒤처진 나 자신을 탓했다.

힘들었던 시간이 지나고 지금 하는 소소한 루틴들을 실천하며 틈틈이 읽던 책에서 깨달음을 주는 비슷한 메시지를 발견했다.

'해야 하는 일이란 없다. (스스로) 하고자 하는 일만 있을 뿐이다.'

나는 늘 해야 하는 일들에 쫓기며 살았다. 그런데 그것은 사회가 정해놓은 해야 하는 일이었다. 그 기준에 맞추려고 아등바등하며 애쓰던 나는 자주 좌절하고 힘들었다.

루이스 헤이의 《하루 한 장 마음 챙김》에도 이런 말이 나온다.

"당신의 '해야 한다' 목록에서 삭제할 수 있는 항목은 무엇인가? '해야 한다'를 '할 수 있다'로 바꿔라. 당신에게 선택권이 있고, 그 선택이 자유라는 걸 알아야 한다.

우리가 살면서 하는 일은 모두 선택 때문에 이루어진다는 걸 알아야 한다. 이유도 모른 채 꼭 해야만 하는 일 같은 건 없다. 우리에게는 항상 선택권이 있다."

나는 '해야 한다'는 선택권을 남에게 주고 내가 '선택되기'를 기다리며 살았다. '나도 할 수 있을까?'가 '나는 할 수 있다'로 바뀌는데 많은 시간이 걸렸다. 내 내면이 단단해지고 나서야 비로소 편한 마음으로 나 스스로 다그치는 것을 그만두었다.

책을 통해 배운 또 다른 메시지는 이것이다.

'모든 것은 때가 있다.'

자기만의 속도라는 것을 찾기 전, 남들은 저만큼 가고 나는 여기 있다는 사실이 몹시 힘들었다.

아침에 일찍 일어나 책을 읽고 운동을 하다 보니 이미 아침부터 부지런한 사람들이 엄청 많았다. 같은 것을 배워도 금방 익히는 사람, 분명 시작할 때 나처럼 초보였는데 어느새 배워서 남을 가르치는 사람 등.

'작가'라는 꿈을 꾸기 시작하면서 짧게라도 매일 글을 썼다. 그런데 지인이나 지인의 아는 사람까지도 속속 책을 내기 시작했다.

'나는 왜 아직 이룬 것이 없을까?'

'나도 작가가 되겠다고 글을 쓴 지 1년이 넘어가는데 나에게 무슨 문제가 있을까?'

어김없이 뒤처짐 불안증이 찾아올 때, 모든 것은 때가 있다는 단순한 진리를 여러 책에서 접했다.

'내가 작가가 돼야 한다면 가장 적당한 때에 가장 적당한 방법으로 선물같이 올 것이다.'

나는 뒤처진 것이 아니라 다만 내 속도대로 꾸준히 천천히 가고 있다고 마음먹었다. 가끔 한 번씩 올라오는 부정적인 감정 때문에 힘들었지만 그럴 때도 꾸준히 '모든 것은 때가 있다'를 되뇌었다.

그리고 정말로 가장 적당한 시기에 출간 계약을 했고 이렇게 멋진 책으로도 만들어졌다.

우주는 완벽한 방법으로 우리를 도와준다. 나같은 '뒤처짐 불안증'을 가지고 있다면 두 가지만 기억하자.

'해야 하는 일이란 없다. 하고자 하는 일만 있을 뿐이다.'

'모든 것은 때가 있다.'

....

세상에 잘 난 사람들이 참 많다.
그런데 정작 자기가 얼마나 잘 난지 모르는 사람들이 더 많다.
살면서 아주 작은 것이라도 칭찬을 들었을 때,
이루어 낸 것 등 자신만의 성공 목록을 적어보자.
기억을 더듬어보면 누구나 아주 작은 것이라도
성공 경험을 가지고 있다
그때 반장도 했었지, 그때 내가 혼자 찾아가서
아르바이트하고 처음 돈도 벌었지,
내가 아이를 낳았지, 내가 헌혈은 좀 하지 등등
하나하나 찾아보면 당신은 당신 생각보다 잘 살아왔다!
그러니 뒤처진 것 같은 기분이 들 때,
내가 나를 토닥거려 주고 크게 외친다.

"내가 하는 모든 일은 가장 적당한 때에
가장 적당한 방법으로 이루어진다!"

혼자가 힘들다면
함께의 힘을 느껴보기

나는 의지가 강한 사람은 아니다. 단지 누군가에게 내 일이나 공부에 대해 지적받는 게 싫어서 일이든 공부든 우선순위의 것을 먼저 해놓고 놀았다.

그렇게 여러 해를 보내다 보니 혼자서 무엇인가를 하는 일이 익숙했고 어렵지 않았다. 나는 대부분 사람이 나와 같은 줄 알았다. 그런데 많은 사람과 이야기를 나누다 보니, 혼자서 무엇인가 지속하는 일을 어려워했다.

아이디어가 떠올랐다.

우리 인생을 가꾸고 번영시키기 위해 혼자가 아닌 여러 사람과 같이 더불어서 힘을 내는 모임에 대한 아이디어.

그것을 구체화해서 2020년 12월에 '인생 번영회'라는 이름으로 온라인 모임을 만들었다. 내가 지금 하는 루틴을 녹여내서 아침 기상과 긍정 확언으로 하루를 시작하고 서로에게 도움이 되는 여러 정보를 공유했다. 또 마음 근육을 강화하기 위해 내가 배웠던 다양한 강의 내용도 조금씩 풀었다.

처음 모집할 때만 해도 한 명만 오더라도 시작한다는 마음으로 모임을 열었다. 정말 세 명이 모임 신청을 했다. 내가 이 사람들과 무엇을 할 수 있을까 의구심이 드는 상황이었다.

그런데 모임 마감날 당일, 갑자기 사람들이 신청해서 내가 생각하던 딱 그 인원, 열 명을 채워서 모집을 마감할 수 있었다.

이렇게 시작된 인생 번영회는 회를 거듭하면서 조금씩 수정과 보완을 거쳐서 사람들과 소통하는 모임으로 발전하고 있다.

머릿속의 좋은 아이디어도 머릿속에 있을 때는 그냥 생각일 뿐이다. 직접 해봐야 안다.

'이렇게 해보니 사람들이 이런 루틴은 계속하기가 어렵구나.'

'이 점을 보완해야 더 낫겠다.'

사람들을 통해 내가 더 배우는 점이 많았다. 사람들과 교류하지 않았다면 나도 깨닫지 못했을 것들을 실전을 통해 바로바로 알 수 있었다.

나는 늘 혼자가 편하다고 생각했는데 모임을 하면서 나도 달라졌다. 여러 명이 모여서 서로를 응원하고 지지하는 것만으로도 긍정의 에너지가 넘쳐 시너지 효과가 커지는 것을 실제로 목격했다.

아침에 일찍 일어나고 싶지만, 의지로는 안 된다던 미선 씨도 새벽 네 시 반이면 어김없이 일어나 아침 인사와 긍정 확언을 나누는 모습에 자극을 받고 다섯 시 기상에 계속 성공했다.

평소에 글을 별로 써본 적 없는 아영 씨는 카페 작가 모집 글을 보고 지원해 글을 쓰게 되었는데 쓸수록 글 실력이 늘어서 타고난 작가 같다는 평을 받는다.

또 주택 청약에 당첨돼서 꿈에 그리던 집으로 이사하기로 한 회원님께도 모두 축하의 메시지를 보냈다.

이 모든 것들이 서로를 믿어주고 긍정하는 힘에서 나왔다. 내 주위 사람들에게 물었다면 말도 안 된다고 했을 일들도 모임 구성원들끼리는 무조건 해보라고 서로 다독였다.

또 좋은 일이나 축하받을 일이 넘쳐나서 풍요로운 기분도 같이 느끼고 있다.

물론 힘들고 어려울 때도 서로가 위로와 축복을 빌어주는 곳이다. 온라인으로 만난 인연이지만 마치 오래된 친구들같이 서로를 보듬어 주는 사이로 성장하고 있다.

육아로 지치고 고민하는 사람들에게는 육아 맘들로 구성된 모임에서 힘을 얻는 것도 좋은 방법이다.

나는 《미라클 베드타임》의 저자 김연수 님의 온라인 코칭 프로그램도 함께했다. 처음 시작은 아이들의 수면, 식습관, 비인지 능력을 기르기 위해 모였던 엄마들이 이제는 '엄마'가 아닌 '나 자신'으로 살기 위해 성장하고 있다.

모임을 통해 성장하는 모습을 보면 처음에 내가 알던 사람들이 맞나 싶을 정도로 사람들이 변한다.

지금 같은 팬데믹 시대는 과거와 같은 오프 모임이 힘들다. 온라인 세상으로 들어가기 전에는 얼굴도 잘 모르는 사람들과 무슨 정을 나눌까 싶었다. 하지만 온라인으로 얼마든지 행복하고 좋은 인연들을 많이 만날 수 있음을 요즘 느낀다.

온라인이 익숙하지 않은 세대라면 온라인 모임을 하지 않더라도 가까이 아는 사람들끼리라도 함께의 힘을 경험하면 좋겠다.

나는 회사 사람들 몇몇과 독서모임도 하고 있다. 같이 모여서 밥만 먹는 것보다 의미 있는 행동을 해보자는 의미로 시작했다.

좋은 책을 한 달에 한 번 읽자는 것으로 시작해, 책을 읽고 감상을 공유하는 것만으로도 직장에서 받는 스트레스를 풀 수 있다.

또 같은 책을 읽어도 다른 해석이 나오기 때문에 서로의 의견을 듣는 것도 흥미진진하다.

책 한 권도 읽지 않던 사람도 모임을 통해서 책을 읽게 되니 서로 좋은 영향력을 주고받고 있다.

혼자가 힘들다면 어떤 모임이든 함께 하라. 단 긍정적인 마음과 적극적으로 참여하려는 자세를 가진 사람들과 함께하라.

또 스스로 참여하겠다고 들어간 모임이라면, 조금 더 적극적으로 소통하고 참여하자.

내 주위에 좋은 사람들만 가득하다는 긍정 확언을 늘 하며 긍정적인 사람들만 끌어당기는 것도 좋은 방법이다.

"멀리 가려면 함께 가라~."

함께의 힘으로 서로 윈윈하는
미라클 루틴
....

코로나 덕분에 오프 모임이나 회식은 거의 사라졌다.
그래서 온라인 모임들이 어느 때보다 활발하다.
관심 있는 분야의 모임에 가입하여 적극적으로 활동해보자.
이때 단순히 친목이라는 명목으로 이곳저곳 너무 많이
가입하다 보면 단체 대화방의 벽 타기
(글을 읽으며 내려오는 것)가 끝도 없이 이어진다.
사신이 모임에 가입한 이유를 잘 생각해보고
(예를 들면, 아침 기상, 파워포인트 배우기, 재테크 등)
피곤하지 않을 만큼의 모임만 유지한다.
나는 아침에 한 번, 점심 이후 한 번, 오후 6시 이후 등
시간을 정해 그 시간 동안에만 집중해서
모임을 관리하려고 노력한다.
함께의 힘도 중요하지만 내가 제일 중요하다.
온라인 피로가 쌓일 정도의 모임은 자제할 것.
이것을 잘 지키면 모임과 내가 함께 성장할 수 있다.

소소하고 확실하게
행복해지는 방법

긍정 확언을 외치고 감사 일기를 쓴다. 마음이 편안하다. 오늘 하루는 왠지 뭐든 잘될 것 같다.

하지만 예상과 달리 문제는 갑자기 다른 곳에서 튀어나온다.

아이들이 장난을 치다가 밥그릇을 엎고, 유리를 깬다. 평온하던 마음도 이내 흔들린다. 가뜩이나 회사에서 몸이 힘들었는데 설거지 외에 또 청소까지 해야 하니 화가 치민다.

늘 좋은 책을 읽고 긍정적인 마음을 갖다가도, 한 번씩 내 속에 들어오는 조약돌 하나가 마음에 파장을 일으킨다.

행복하고자 하는 마음은 있지만 가끔 치고 올라오는 불편한 감정은 쉽게 가라앉지 않는다. 우리의 마음은 감정에 지배당하기 때문에 무엇보다 감정을 행복하게 해주는 것이 가장 중요하다.

이때 소소하지만 확실한 행복 리스트가 큰 도움이 된다. 소소

하고 확실한 행복, 자신만의 작은 행복 리스트를 만들어 힘들 때
꺼내보자.

나는 무엇을 좋아했지?
나는 무엇을 하고 싶지?
나는 무엇을 사랑하지?
나는 무엇을 원하지?
자기 스스로 계속 질문하다 보면 밖으로 나오는 대답이 있다.

:: 나의 행복 리스트 ::

- 아이들, 신랑이 활짝 웃으며 안아줄 때
- 맛있는 음식을 먹을 때
- 여행에서 재미있는 경험을 할 때
- 마음까지 녹여주는 카페라테를 마실 때
- 탁 트인 바다를 볼 때
- 내가 좋아하는 음악을 들을 때
- 마음에 드는 책을 읽을 때
- 느린 걸음으로 산책할 때
- 내가 좋아하는 캐릭터 문구류를 구매할 때
- 물건이나 사진을 정리할 때
- 조용히 글을 쓸 때
- 따뜻한 물에 몸을 담그고 욕조에 있을 때

유리가 깨지고 치울 것이 많아졌을 때 이 중에서 음악 듣기를 이용했다. 내가 좋아하는 음악을 크게 틀고 치우다 보니 어느새 화도 가라앉고 집을 치우는 일도 힘이 덜 들었다.

또 회사에서 갑자기 힘든 상황이 생겼을 때는 조용히 책을 읽거나 점심시간에 산책하러 나갔다.

아주 힘든 상황이 여러 번 겹쳐서 도저히 회복이 안 되겠다 싶을 때는 가까운 바다라도 여행한다는 기분으로 다녀왔다.

지금 글을 쓰는 곳도 집이 아니다. 이름만 호텔인, 아주 작은 숙소로 혼자 떠나와 이 글을 쓰고 있다.

1주일 내내 신랑이 늦게 오고 아이들은 크고 작은 일들로 자기들끼리 다투고, 직장에서는 몸이 녹아내리듯 바쁜 일이 겹쳤다. 몸이 힘들고 마음이 힘드니 작은 일에도 쉽게 지치고 아이들에게 또다시 짜증을 내는 나 자신을 발견했다.

신랑을 긴급회의에 소집했다. 지금 같은 날들이 반복되면 내 마음이 너무 힘들어서 직장 일도, 육아도 도저히 할 수 없다고.

나에게 딱 하루 나만의 저녁 시간을 달라고 했다.

그리고 떠나오기 전, 내가 할 수 있는 최선을 다했다. 일을 마치고 퇴근을 해 신랑과 아이들 저녁까지 모두 차려주고 집을 나섰다. 내 마음속 하나의 열망은 강이나 바다가 보이는 우리 집과 가까운 곳에서 글을 쓰고 싶다는 것.

마침 집에서 30분 거리에 남한강이 보이는 작은 숙소가 있었다.

급하게 숙소를 잡고 노트북 하나만 달랑 들고 그곳으로 갔다.

창밖으로 강이 보이는 곳에서 글을 쓰는 지금이 얼마나 감사하고 행복한지 모른다.

물론 집에 가면 다시 일상은 반복되고 상황이 크게 달라지지 않을 것이다. 그러나 딱 하나 바뀐 것이 있다. 바로 상황을 바라보는 내 마음이다.

너무 힘들고 지칠 때 참으려고만 하지 말자.

누구나 약한 부분이 있고 감당하기 힘든 순간들이 존재한다. 상황이 늘 좋을 수만은 없고 문제는 반복된다.

이제 좀 살만하다 싶을 때 어김없이 다른 문제들과 마주한다.

인생은 학교이며 삶에서 얻는 교훈이 있다지만 그만 배우고 그만 아프고 싶은 게 솔직한 심정이다.

삶은 내 의지와 관계없이 다양한 일들이 자주 일어난다. 소확행 리스트를 통해 자신의 감정을 회복하는 연습을 하자. 아주 작은 것이라도 좋다.

자신이 무엇을 좋아하는지는 스스로가 제일 잘 안다.

나와 친해지자. 나를 잘 알고 나라는 사람을 잘 보살펴주자.

결혼 전에는 딸의 역할, 결혼 후에는 아내의 역할, 엄마의 역할
에 지쳤다면 이제 그냥 '나', 온전한 '나'라는 사람에 집중해보자.

생각보다 잘 살아왔고 잘 버텨왔다.
나로 사느라 애썼다.

제일 먼저 소확행 리스트부터 작성한다.
아주 작은 것도 좋고 거창한 것도 좋다.
내 기분을 바꿔주는 것들로 가득 채우자.
자, 이제 썼으면 내 루틴에 넣는다.
누군가는 재테크를 하려면 커피값부터 아끼라지만
나는 아침부터 힘든 일이 있었다면 라테 한 잔을 사 들고 출근한다.
나의 경우 기분 바꾸기에 커피가 꽤 도움이 된다.
또 하루가 아니라 한 주 내내 힘들었다면
가까운 바다나 근교에 가는 것도 도움이 되었다.
밖으로 나갈 여유도 시간도 없다면 근처 다이소로 간다.
내가 좋아하는 캐릭터 문구류의 천국이다.
사 온 문구류로 글을 끄적인다.
딱딱해진 마음이 녹고 있을 때, 마음속으로 읊조린다.
'지금부터 나는 점점 더 나아지고 있어!'

마음 근육 키우기는 결국 반복

론다 번이 쓴 《시크릿》이라는 책과 그것을 바탕으로 만들어진 영상이 유명하던 시절이 있었다. '끌어당김의 법칙'이라는 것을 강조했는데, 세상 모든 것이 내 마음대로 되고 끌어당기기만 하면 이루어진다니 정말 놀라웠다.

나도 한번 해보자고 다짐하고 몇 번 해보다가 안 되길래 쉽게 포기했다.

'뭐야 이거 안 되는구만~ 책 팔아먹으려고 별짓을 다 하네.'

그렇게 내 기억 속에 그 책도, 책의 내용도 사라졌다.

한참 육아가 힘들고 직장 일도 힘들 때였다. 추천 영상을 통해 시크릿에 나오는 '밥 프록터'라는 사람의 한국 비즈니스 파트너 '조성희'라는 사람을 알게 되었다. 마음에도 법칙이 있다는 이야기를 아직도 하고 있었다.

이번에도 속을 수 있겠다 싶었다. 하지만 어차피 더 해볼 것도 없고 그 당시의 나는 변화가 간절했기에 그 영상에서 해보라는 것을 따라 해보았다.

마음 근육 키우기라는 걸 하기 위해 독서와 필사 하기, 긍정 확언 등을 외치기 시작했다.

일상에서 크게 변화는 없었지만 소소하게 작은 변화들이 시작되었다. 아침에 일찍 일어나는 나를 보고 신랑은 의아해했으며 저러다가 말 것으로 생각했다고 한다.

몇몇 책들을 읽었고 노트를 마련해 나라는 사람에 대해 글도 써봤다. 모든 것들이 처음 시작하는 것이라서 서툴고 느렸다. 1년이 넘었지만 갑작스러운 변화는 없었다.

나는 나에게 도움이 될만한 루틴들을 한두 개씩 추가해서 나만의 루틴을 만들어갔다.

숭간에 마음에 관한 수업도 들었다. 행동만 바꾼다고 달라지는 것이 아니라, 감정의 마인드라 불리는 잠재의식을 바꿔야 행동이 제대로 바뀐다는 것도 알았다.

그렇게 내 마음을 돌보는 시간이 지속되자 아주 작게 내 삶에 스몄던 그 모든 것들이 시간이 지나면서 서서히 결과로 나타나기 시작했다.

누군가가 나를 '작가'로 부르기 시작했다, 누군가가 나를 '강사'로 부르기 시작했다, 누군가가 나를 '회장'으로 부르기 시작했다.

두 아이의 엄마이고 약사인 내가, 불리고 싶었던 이름들로 자꾸 불리는 사람이 되었다.

"당신이 무엇인가를 이루려면, 먼저 당신은 그 무엇인가가 되어야 한다."

괴테의 말이다.

나는 아주 작은 일상의 루틴들을 통해 변화되었다. 직장에서 같이 일하는 동료 중 한 명이 내가 하는 활동들을 우연히 알게 되었다. 완전 깜짝 놀라며 한 첫마디가 "약사님, 언제 이렇게 멋있어졌어요?" 라는 것이었다.

나는 그냥 어제와 같은 사람이 되지 않기로 했을 뿐이다. 그리고 예전처럼 안 되면 "에이~ 안 되네"가 아니라 어떤 결과가 나오든 내가 책임지고 받아들이겠다는 태도로 좋은 행동들을 반복했다.

나도 가끔 지치고 힘들 때가 있다. 그런데 이럴 때의 공통점은 자꾸 하던 것을 빼 먹거나 마음 근육 키우기를 잊어버릴 때다.

사람은 망각의 동물이라지만 너무나 쉽게 예전의 버릇으로 돌아가려고 한다. 또 잠시만 한눈을 팔면 다시 마음속에 부정적인 감정이 올라온다.

사실 외부의 누구보다 내 자아 속에 있는 맹렬한 비판자를 대하는 것이 더 어렵다. 내 속의 비난자는 내 목소리를 빌려 용기를 떨어뜨린다.

그러니 반복하라. 자신만의 좋은 습관을 꾸준히 유지하고 마음 근육 키우기를 계속하라. 자신만의 루틴을 만들고 그곳에 자신을 집어넣어라.

조급해하지도 말자. 모든 것은 때가 있다는 사실을 기억하고 그때가 올 때까지 좋은 습관을 유지하자.

마음이 튼튼해진다는 것은 어떤 비판에도 흔들리지 않는 것이 아니라 비판이나 비난, 변화에 유연해지는 것일 뿐이다. 때로는 고개를 푹 숙일 때도 있고 힘들 때도 있겠지만 지속하자.

마부작침(摩斧作針), 뭉툭한 도끼도 계속 갈면 마침내 바늘이 된다는 뜻이다. 쉼 없는 단련이 강자를 만든다. 고난이 없으면 성공도 없다.

DID (들이대) 마스터로 불리는 송수용 대표님이 말씀하셨다.
"상처는 나 혼자 아파하며 우울증 걸리라고 있는 것이 아니다. 그 상처를 가지고 다른 사람의 상처를 진심으로 이해하며 공감할 수 있는 진정한 리더가 되라고 있는 것이다" 라고.

지금 힘들고, 상처가 많은 나라고 해도 다 괜찮다. 진정한 리더가 되고 있는 당신을 마음을 다해 응원한다.

몸에 근육을 키우기 위해 일정하게 운동을 하는 것처럼,
마음을 튼튼하게 키우는 것도 연습이 필요하다.
나는 긍정 확언, 명상, 독서, 필사, 글쓰기가 가장 큰 도움이 되었다.
부정적인 생각이 올라올 때, 과거의 상처가 떠오를 때,
루틴을 반복하는 것만으로도 마음의 롤러코스터를 멈출 수 있다.
몸을 움직이는 것도 마음 근육 키우기에 도움이 된다.
나는 주 5일 만 보를 일상 루틴으로 하지만
사람에 따라 요가, 필라테스, 헬스 등
다양한 방법으로 몸을 움직일 수 있다.
몸과 마음은 하나라는 것.
그리고 하루 단 5분이라도 자신을 위한
꾸준한 단련이 필요하다는 것을 기억하자.

글쓰기로 만나는
내 꿈 찾기

처음 내가 시작한 글쓰기는 감사 일기와 책 필사부터였다. 감사 일기 몇 줄, 책 몇 줄을 옮겨 쓰기 정도라서 사소하고 큰 의미 없는 행동이었다. 그래도 계속 글을 적다 보니 나도 어딘가에 기록을 남겨두고 싶다는 생각에 블로그를 시작했다.

블로그 사용법도 잘 몰랐기 때문에 처음에는 필사한 글을 사진으로 찍어서 남기는 게 다였다. 그렇게 쓰다가 점점 나도 내 글이 쓰고 싶어져 필사한 내용에 내 의견을 보탰다. 여행을 다녀오면 여행 후기도 쓰고 누가 보든 안 보든 혼자서 계속 블로그를 채워 나갔다.

그렇게 10개월쯤 블로그에만 글을 쓰다가, 잘 가는 온라인 카페에 1주일에 한 번만 글을 쓰면 된다는 요일 작가 신청을 했다. 합격의 기쁨도 잠시, 1주일에 겨우 한 편이라고 생각했는데 막상 글을 쓰려니 내가 맡은 요일이 너무 빨리 돌아왔다. 나는 한 편의 글을 쓰기 위해, 1주일 내내 글을 어떤 식으로 써야 할지 생각하는 시간이 많아졌다.

글감을 어디서 구해야 할지 고민이 생겼다. 사소하게 보던 모든 것들을 허투루 보지 않게 되었다. 일상의 모든 것들이 글의 소재였다.

처음에는 너무 힘들어서 딱 4개월만 하고 말까 했는데 쓰다 보니 글 쓰는 재미가 있었다. 그렇게 꼬박 1년을 카페에 '월요일의 작가'로 살았다. 중간에 글쓰기에 어느 정도 자신감이 붙고 나니 브런치라는 플랫폼에 작가 지원도 했다.

두근거리는 자기소개와 함께 글을 올리고 결과를 기다렸다. 결과는 탈락. 글을 다듬어 다시 지원했지만 역시 또 탈락했다.

어느 날 주말 당직을 하러 가기 전에 새로운 소재가 떠올랐고 그 글을 통해 나는 도전 세 번 만에 브런치 작가가 되었다.

처음에 온라인 카페에 글을 쓸 때만 해도 나를 작가로 인정하지 않던 신랑도, 브런치에 합격하고 나니 '작가'라는 타이틀로 나를 불러주었다.

그런데 막상 브런치라는 플랫폼에서 글을 쓰다 보니 브런치는 또 다른 세계였다. 글을 잘 쓰는 사람들이 너무 많았다. 동네 고등학교에 다니다가 큰 시내 대학교에 입학한 느낌이었다.

나는 티브이 트로트 경연 프로그램을 보면서 '우리나라에 이렇게 노래 잘 부르는 사람이 많았어?' 하며 늘 감탄했다. 이 플랫폼에 있는 사람들을 보고도 '우리나라에 이렇게 글 잘 쓰는 사람이 많았어?' 라고 생각할 정도였다.

나도 나름 분발했다. 다음 모바일 메인화면에 몇 번 걸리는 글을 쓰니, 조회 수가 깜짝 놀라게 오르는 기적을 경험했다.

누군가 내 글을 읽어준다는 것만큼 동기 부여가 되는 일이 없었다. 한 번씩 조회 수가 오르면 조금 더 잘 쓰고 싶어서 더 열심히 쓰게 되는 동기 부여 효과도 있었다.

또, 글을 쓰다 보면 내가 했던 어떤 경험도 버릴 것이 없다는 사실을 발견한다.

그 당시를 떠올리면 너무 힘들고 아팠던 경험들이 있다. 막상 글로 녹여내면 글의 소재가 될 뿐 아니라, 그 당시에 느꼈던 힘들고 억울한 감정까지도 정리되었다.

펑펑 울면서 쓴 글들도 많다. 쓰면서 내가 더 치유되었다.

다양한 경험을 통해 다양한 소재로 글을 쓸 수 있다는 점에서 나의 모든 경험에 감사함을 느낀다.

내 시작은 감사 일기와 필사였고 지금도 계속하고 있지만, 글쓰기만큼이나 생각을 정리하고 자신을 객관적으로 바라볼 수 있는 일이 없다고 생각한다.

사회생활에서 겪은 다양한 분노를 쌓이지 않게 분출할 수 있는 통로이자, 아이들에게 화가 나는 나 자신을 다시 돌아볼 수 있는 마법의 도구다.

또 내 내면에 있던 상처가 무엇인지 자세히 살펴보고 내 마음을 다지는 데도 글쓰기라는 도구는 큰 도움이 된다.

혼자 조용한 시간을 갖고 그 시간을 글쓰기 시간으로 만드는 것이 중요하다. 나는 아침 기상 후 일정 시간을 꾸준히 글 쓰는 시간으로 따로 빼놓는다.

아침이 어렵다면 저녁이라도 좋다. 자신만의 시간을 갖고 한 줄이라도 좋으니 글을 써보자.

글을 못 쓰던 사람도 계속 쓰다 보면 놀랍게도 더 잘 쓴다. 나도 처음에 카페 요일 작가로 활동할 때 쓴 내 첫 글을 다시 읽어보면 손발이 오그라든다. 그런 글을 쓰던 나도 점점 쓰다 보니 나아지고 있다.

쓰다 보면 이루어진다.

쓰다 보니 내 꿈도 생겼다.

쓰다 보니 내가 불리고 싶은 이름으로 불리는 사람이 되었다.

바로 '작가'라는 이름 말이다.

나의 중고등학교 시절 손에 땀을 쥐며 봤던 소설은 다 스티븐 킹의 작품이었다. 뛰어난 묘사력과 흡인력을 가진 초기 그의 작품들을 너무 좋아했다. 이런 베스트셀러 작가는 글 내용이 머릿속에서 바로 튀어나와 손으로 그 내용을 받아 적기만 하면 되는 줄 알았다.

그런데 스티븐 킹의 《유혹하는 글쓰기》를 보면 날마다 같은 시간에 방 안으로 들어가서 매일 2천 단어(A4 10매 분량)를 쓴다고 한다.

우리가 매일 2천 단어를 쓸 필요는 없다. 하지만 스티븐 킹 같은 대형 작가도 매일 글쓰기를 한다는 사실은 기억해야 한다.

내 내면을 다지고 꿈까지 이루어주는 글쓰기, 당신도 할 수 있다. 시작하려면 매일 10분이라도 글 쓰는 시간을 마련하자.

거창하게 시작하지도 말자. 감사 일기가 어렵다면 그냥 하루의 감정을 한 줄로만 쓴다고 해도 그것이 시작이다.

작게 시작하고 꾸준히 이루어가자.

나는 당신 안의 잠재력을 믿는다.

인생약사가 드리는 **마음 처방전**

교부 번호	**마음 처방전 6**			명칭	마음 약국
환자	성명		의료기관	전화번호	OOO-OOOO
	주민등록 번호			이메일주소	
질병분류기호	**내면 강화**	처방 발행인	인생약사 염혜진	면허번호	OOOOO
처방 약품의 명칭	1회 투약량		1일 투여 횟수	총 투약일수	용법
글쓰기	**매일 최소 10분 이상**		**틈틈이**	**평생**	**자신만의 시간을 만들어 한 줄이라도 글쓰기**
사용 기간	**교부일로부터 평생**		**사용 기간 내내 틈틈이 짧은 글이라도 매일 쓰기 시작합니다.**		

행복해지고 싶다면 걷자

나는 어릴 때부터 살이 찐 적이 없었다. 아마 제일 살이 많이 찐 순간이 임신하고 10kg이 늘어났을 때다. 그때도 60kg을 넘지 않았다. 그러다 보니 다른 사람들이 살을 뺀다고 운동을 한다든가, 체력을 기르기 위해 운동을 한다고 해도 운동하는 나를 생각해본 적이 없었다.

나에게 운동이란 '살찐 사람들이 살을 빼기 위해 하는 것'이라는 인식이 강했다.

몸에 살이 없고 운동도 안 하니 나날이 체력이 약해졌다. 대학교 시절을 거슬러 올라가 아직도 기억나는 일이 있다. 몸 여기저기가 자주 아파 특정일에 무릎이나 다리 관절이 더 아프다고 할 때 늘 비나 눈이 오는 것이었다.

그러다 보니 친구들은 자연스럽게 나를 이렇게 불렀다.

"걸어 다니는 일기예보."

자주 소화도 안 되고 늘 피곤했지만, 그냥 내 속에는 이런 마음이 있었다.

"나는 원래 체력이 저질이라 고쳐지지 않아."

그래도 젊은 시절은 타고난 체력으로 버틴다고 하던데 20대는 이렇게 골골거려도 별 탈 없이 지냈다. 아프면 약국에 가서 약을 사 먹고 (어쩌면 약대에 간 것도 약을 너무 좋아해서일 듯. 몸으로 직접 임상시험을 여러 번 경험했다) 피곤할 때 누워 있으면 그만이었다.

그런데 문제는 결혼하고 아이를 낳고부터였다. 누군가 그랬다. 육아는 체력 싸움이라고.

예민하게 태어난 첫째는 아기 때부터 늘 자다가 한두 번씩 깼다. 잠을 연속으로 못 자면 얼마나 피곤한지 아이 키운 엄마들은 알 것이다.

신랑이 체력을 키우라며 헬스장 P.T도 결제해줬지만, 헬스 자체가 재미도 없을 뿐 아니라, 목적의식이 없으니 그저 지겨울 뿐이었다. 결국, 개인 지도였지만 돈만 버리고 전혀 달라지지 않은 몸뚱이로 다시 육아 정글에 복귀했다. 이 개인 지도 이후에는 몸이 힘들다고 하면, 그때 돈 들여서 왜 열심히 안 했냐는 핀잔만 더 듣게 되어 운동은 나에게서 더 멀어졌다.

육아 휴직 때는 피곤하면 아이와 같이 자면 그만이었다. 하지만 복직을 하고 일을 하다 보니, 이러한 불규칙한 수면은 잔 것도 아니고 안 잔 것도 아니라서 늘 피곤이 온몸을 짓눌렀다.

그렇게 버티고 버티며 살았다.

처음 첫째를 임신했을 때는 집이 멀어서 걷고 지하철로 이동하고 다시 걷는 생활을 했다. 노산임에도 순식간에 자연분만으로 아이를 낳고 몸의 회복도 빨랐다. 그런데 둘째는 회사 가까이 이사를 오면서 10분 이내로 걷고 몸을 거의 안 움직였다.

배 속에서 역아(머리가 위로 올라가 있는 상태)는 운동으로 돌려야 한다던데 운동도 제대로 안 했다. 결국, 둘째는 제왕절개로 출산했다. 그해 여름 너무나 더웠는데 산후 조리원 원장님 말이, 날씨가 더워 운동 안 한 산모가 많아서 그해에 들어온 산모들의 제왕절개가 많았다고 한다.

아이가 둘이 되자, 가까운 거리도 아이가 둘 있다는 핑계로 차를 타기 시작했다. 몸의 피로는 더 쌓여서 아이들한테 자주 화내는 엄마가 되었다.

이맘때쯤은 일도 너무 힘들고 많아서, 일과 육아 모두가 버거워지고 내 인생 이렇게 살면 안 될 것 같아 마음공부를 시작했다. 마음 공부도 앉아서 했다. 내 정신을 바꿀 생각은 했지만, 몸을 바꿔야겠다는 생각은 전혀 안 했다.

 마음공부를 하면서 알게 된 언니는 《나는 달린다》라는 책을
번역한 선주성 선생님을 알고 있었다. 걷기, 달리기 등을 꾸준
히 실천하고 계신 선생님의 이야기를 들었고, 그 순간에는 마음
속에 나도 '걷기라도 할까' 라는 생각이 들어왔다. 그러나 역시
나는 그 만남 이후에도 걷는 것조차 하지 않았다.
 그리고 두어 달 있다가 다시 선주성 선생님과 모임 동기 두 분
과 같이 청계천 걷기를 했는데 한 시간쯤 걷기를 예상하고 걷다
가, 내 허리가 너무 아파서 10분 만에 산책이 종료되었다.
 사실 몇 달 전에도 허리 통증으로 정형외과에 갔었다. 병원에
서는 디스크 증상이 있다면서 물리치료를 10회 이상 권유했는
데, 내 허리는 가끔 아팠기에 조금 참으면 될 줄 알았다.
 하지만 이 청계천 걷기를 통해 네 명 중 제일 어린 내가, 걷기
꼴찌라는 사실에 적잖은 충격을 받았다.
 잘 걷지 않으면 허리 근육이 없어서 허리가 아플 수밖에 없다
며 허리 근육을 강화하는 스트레칭을 가르쳐 주셨고, 그날 모인
세 명은 아침마다 스트레칭 인증을 2년째 이어 나가고 있다.

 마음공부와 더불어 책을 무섭게 읽어 나갔다. 그 당시 김승호
회장님의 《생각의 비밀》이라는 책을 읽었다. 읽다 보니 저자를

꼭 만나고 싶었다. 그런데 회장님은 미국에 계셨다. 그때 마침 우연히 평소 잘 안 하던 인스타그램에 들어갔는데 회장님이 한국에 들어와서 사람들과 번개 모임을 하고 계셨다. 인스타로 갑자기 공지해도 많은 사람이 모였고 두 번의 모임을 놓쳤다.

이제 너무 절박해져서 만일 평일이면 회사를 안 가더라도 회장님을 뵙겠다는 의지에 불타고 있었는데 마지막 공지가 올라왔다.

'만만세 워킹클럽'과 함께 하는 '스노우폭스 김승호 회장님과 만 보 걷기'

장소도 집에서 30분도 안 걸리는 뚝섬 유원지 역이었다. 심지어 휴가 달력도 비어 있었다. (부서 특성상 한 달 전부터 부서 휴가 달력에 휴가를 쓸 수 있고, 그 시간에 휴가를 쓴 한두 명만 휴가를 갈 수 있다)

마치 온 우주가 나를 돕는 것 같았다. 오후 휴가를 잡고 아이들 저녁 식사를 위해 친정엄마에게 돌봄도 부탁했다.

만반의 준비가 된 바로 그날, 마침 비가 추적추적 내렸다. 친정엄마와 신랑은 비 오는 날 단 한 번도 안 걸어본 내가 만 보를 걸으러 간다니 미쳤다고 생각한 것 같다. 둘 다 "그 모임 꼭 갈 거냐?"고 묻는데 무엇인가에 홀린 듯 조금의 망설임도 없이 다녀오겠다며 모임 장소로 향했다.

'만만세 워킹클럽'에서 마침 회원분들이 나와 입회비와 입회 신청서를 쓰라고 권유했다. 나는 입회 신청서는 썼지만, 회비는 입금하지 않았다. 왜냐하면, 나에게 만 보란 말도 안 되는 것이었고 내 목적은 그냥 회장님만 만나는 것이었다.

이 모임은 워낙 참여한 사람이 많다 보니 다리 하나를 정해두고 그곳까지 걷다가, 중간중간 회장님을 만나면 질문 시간을 가지라고 했다.

아는 사람 하나 없이 비를 맞으며 걷는데 한 번도 안 걷던 내가 한강 공원을 걷다 보니, 다리도 아프고 허리도 아팠다. 11월의 저녁은 우비를 입어도 냉기가 몸 안으로 들어올 정도로 추웠다. 내 머릿속에는 오만가지 생각이 들어왔다.

'아는 사람 하나 없는 이 장소에서 나는 무엇을 하고 있는가?'

'나는 혼자라는 게 지독히도 싫구나. 그래서 신랑과 아이들과 지지고 볶으면서도 사나 보다.'

온몸은 비에 젖고 혼자 중얼거리고 있는 내가 한심했다.

아무도 내가 집에 가봤자 신경 쓰지 않을 것이며, 중간에 간다한들 누가 나를 욕하겠는가. 그냥 집에 가야겠다는 생각을 하다가 그래도 회장님을 뵈러 왔으니 한마디만 듣고 가야겠다고 결심했다. 마침 중간 그룹들과 걷고 계신 회장님을 발견하고 용기

내서, 가까이 다가가 내가 평소 묻고 싶었던 질문을 했다.

"초등학교에 올라가는 아이한테 무엇을 가르쳐야 할까요? 선행 학습이라도 시켜볼까 했더니 아이가 절대 안 해요."

"자신을 생각해봐, 엄마가 공부하란다고 공부했나? 제일 중요한 것은 부부가 행복한 모습을 보여주는 거야, 그게 공부야."

가슴속에 감동과 벅참이 올라왔다. 부부가 매일 싸우면서 공부하라고 소리쳐봤자 아이가 어떤 미래를 그리겠는가?

모임 주최자가 찍은 한강 다리 사진을 같이 찍어 보았고, 그 장소에서 회장님과 즉문즉답 같은 시간을 가졌다. 직접 뵌 회장님이 어찌나 소박하고 멋지시던지. 그날의 감동을 잊을 수 없다.

나의 어리석은 물음에 현명한 대답을 해준 회장님을 만나 뵈니 무엇이 그분을 그토록 성공하게 했는지 이해가 되었다. 그날 태어나 거의 처음으로 15,000보를 걸었다.

11월의 걷기는 작은 해프닝으로 끝날 수도 있었다. 혼자서 걸어보겠다며 결심만 했지 다시 또 평소처럼 앉아서만 하는 생활이 한 달 이상 지속되었다.

2020년이 되었다. 1월 2일이었는데 갑자기 걷기 모임 한현모 대표님이 전화를 주셨다. 회비를 정리하다 보니 입회 신청만 하고 정식 회원이 안 된 것을 발견했다면서.

"걸을 준비는 되었나?"

마침 내 의지력을 탓하고 있을 때라, 자신은 없지만 열심히 하겠다고만 대답하고 걷기 모임을 시작했다.

걷기 모임 카톡방은 활발하게 운영되고 있었다. 규칙은 단 하나, 자신의 만 보를 사진으로 인증하면 되는 것.

처음에는 1주일에 한 번만 만 보를 인증하면 된다는데도 인증을 못 할까 봐 걱정되었다. 그런데 자꾸 걷다 보니 다른 분들의 자극 덕에 자꾸 걸을 일을 만들게 되었다. 엘리베이터 탈 것도 걸어 다니고, 예전 같으면 지름길로 갔을 방향도 더 걷는 곳으로 돌아갔다.

매월 1일이 되면 지난 한 달의 걸음기록 인증과 새로운 한 달의 자신과 걷기 약속을 한다. 처음에는 주 1회 만 보에서 주 3회 만 보, 그리고 2020년 5월부터는 늘 주 5회 만 보를 달성하고 있다. 거기다 체력이 조금씩 나아지다 보니 조금 더 노력해서 하루에 12,000~13,000보도 거뜬히 걷게 되었다.

제일 달라진 변화는 자꾸 사람들이 얼굴이 좋아졌다고 하고 활력이 넘쳐 보인다는 것이다. 일 끝나고 지쳐서 시작되는 육아 출근도 이제 훨씬 나아졌다. 물론 아직도 힘들고 피곤할 때는 있지만 서로 자극하고 격려하는 그 분위기가 좋다.

시작은 김승호 회장님이었지만 이 세상에 우연은 절대 존재하지 않는다고 생각한다. 학생이 준비되면 스승이 나타난다고 했는데, 모든 것들이 우주에서 맞는 시간마다 나의 스승님들을 딱딱 보내준 것 같아 가끔 소름이 끼칠 때가 있다.

지금 힘든가? 그냥 걸어라.
지금 우울한가? 그냥 걸어라.
지금 슬픈가? 그냥 걸어라.
지금도 마음공부를 꾸준히 하지만, 생각을 정리하고 잡다한 생각을 잊게 하는데 걷기만 한 것이 없다. 아무 장비도 필요 없고 오직 내 몸으로 내 의지로 원하는 삶을 가꾸는 데 큰 힘이 된다. 이제 만 보 걷기 2년 차가 되었지만 내 삶은 '걷기 전'과 '후'가 바뀌었다.

나는 날마다 점점 더 나아지고 있다.

인생약사가 드리는 **마음 처방전**

교부 번호	**마음 처방전 7**			명칭	마음 약국
환자	성명		의료기관	전화번호	OOO-OOOO
	주민등록 번호			이메일주소	
질병분류기호	**저질체력, 잡생각**	처방 발행인	인생약사 염혜진	면허번호	OOOOO
처방 약품의 명칭	1회 투약량		1일 투여 횟수	총 투약일수	용법
만 보 걷기	**하루 평균 만 보 이상**		**최소 주 1회 이상**	**평생**	**눈 뜬 순간부터 자기 전까지**
사용 기간	**교부일로부터 평생**		**사용 기간 내내 꾸준히 걷는 습관을 들입니다.**		

PART 5

집안일

'집안일'도 '내 마음'도
내려놓습니다

설거지와 빨래는
절대 줄지 않는다

결혼하고 내 살림을 갖기 전에는 몰랐다. 엄마가 해주는 따뜻한 밥을 편하게 먹고 깨끗한 옷을 입을 때는 집안일을 하는 엄마의 노고 따위는 신경도 쓰지 않았다.

나는 집은 그냥 둬도 깨끗하고 정돈되는 것인 줄 알았다.

그런데 막상 결혼을 하고 내가 가정을 꾸리고 보니, 아무것도 안 한 것 같은데도 뒤돌아서면 밥 먹을 시간이 오고 밥을 먹고 나면 설거짓거리가 쌓였다.

빨래는 세탁기가 하지만 그 옷을 털어서 널고, 다 마른 후 개는 것까지 하나하나 손이 많이 가는 작업이 모인 것이 빨래였다. 단순 반복작업이 없다면 집안의 어떤 것도 제대로 돌아가지 않는다는 걸 주부가 돼서야 뼈저리게 깨달았다.

아이가 어릴 때는 아이 빨래를 따로, 세제도 다르게 쓰다 보니 빨래횟수가 더 많아졌다. 빨래는 체감상 어떤 집안일보다 더 힘든 노동이었다.

차라리 회사에서 일할 때는 결과물도 있고 성과도 있다. 하지만 이 집안일이란 것은 해도 해도 끝이 없고 티도 안 났다.

그렇다고 집안일에 잠시라도 손을 놓으면 이내 쓸 수건이 없거나, 아이들이 바닥에 흘린 액체들이 발에 들러붙었다.

직장을 다니면서, 아이를 돌보고, 중간중간 살림을 챙기는 일이란 나에게는 세 가지 공을 돌리며 저글링을 하는 기분이었다.

아주 가끔 신랑이 일찍 오는 날은 설거지를 돕거나 빨래를 개는 정도는 하지만, 대부분의 일은 내가 다 해야 했다.

직장에서 돌아와 즐거운 마음으로 집에 들어오면 집안은 늘 어지럽고 빨래는 가득했다. 치워도 치워도 끝이 없으니 그냥 둘까 싶다가도 먼지가 덤불처럼 굴러다니는 것을 보면 차마 아이 입에 들어갈까 무서워 그냥 둘 수도 없었다.

이 저글링을 조금이라도 덜 해보겠다고 직장 근처로 이사를 온 다음부터는, 점심시간에 집에 가서 집안일을 조금씩 하기도 했다.

점심시간 동안 어질러진 집을 치우든가 빨래를 돌리고 회사로 복귀하는 식이었다. 점심을 늦게 먹긴 했지만 이렇게라도 안 하면 집이 너무 엉망이라서 어쩔 수가 없었다. 그런데 이것 또한 마찬가지로 쉽게 지쳤다.

신랑이 내놓은 대안은 청소하시는 분을 쓰라는 것. 하지만 이미 아침 등원 돌보미 선생님도 오시는데 또 다른 분을 쓰기에 돈이 아까웠다. 그리고 모두 출근하고 아무도 없는 집에 청소 도우미를 들이고 청소 상태를 확인받지 않고 그냥 가시게 하는 것도 마음에 내키지 않았다.

그때 나는 깨달았다. 나는 내가 모든 것을 다 해야 직성이 풀리는 성격이란 것을. 그래서 투덜거리며 혼자 다 해놓고는 다른 사람한테 늘 힘들고 피곤하다며 불평하는 사람이었다는 것을.

직장 일도 위로 올라갈수록 '위임'이 중요하다는데 정작 나는 집안일조차도 '위임'하지 않는 사람이었다.

물론 이런 깨달음을 얻고 나서도 매일 늦게 오는 신랑에게 위임할 수도 없으니 답답한 노릇이었다.

답은 아는데 해결책이 없는 벽 앞에 서 있는 느낌이랄까.

이 무렵, 사람들이 삼신 가전이라고 부르는 가전제품들을 접했다. '삼신(三新) 가전'은 세 가지 새로운 가전인데 '식기 세척기' '의류건조기' '로봇청소기'가 그것이다.

처음에는 기계로 무슨 큰 도움을 받을까 싶었지만, 이 가전들을 써보니 주부들의 가사 노동 시간을 확실히 줄여주는 효과가 있는 '생활필수품'이었다!

예전 집은 2층인데 북동향이었다. 이사를 많이 다녀보지 않아서 집의 방향을 크게 고려하지 않았다. 그런데 빨래를 널기만 하면 늘 덜 마른 꿉꿉한 냄새가 나서 빨래를 두 번 하기 일쑤였다. 그렇게 빨래를 다시 해도 한번 옷에 밴 쉰 냄새는 쉽게 사라지지 않았다.

그런데 의류 건조기를 사서 처음 써보니 이것은 신세계였다.

빨래를 널 필요도 없고 세탁기에서 꺼내 바로 건조기에 넣으면 말려서 나오니 정말 편했다. 물론 옷들이 약간 줄어들기는 하지만 회사 다녀와서 빨래를 돌리고 널던 시간에 비하면 내 시간에 훨씬 여유가 생겼다.

예전 같으면 아이들이 음식을 먹다가 흘리면 또 빨아야 한다는 생각에 화를 자주 냈다. 하지만 마음만 먹으면 옷을 금방 빨아 바로 건조할 수 있으니, 아이들이 옷에 음식을 흘리는 것에도 조금 더 관대해졌다.

식기 세척기는 처음 사려고 할 때만 해도 신랑이 그냥 손으로 씻는 것이 더 깨끗하다며 기계는 필요가 없을 거라고 했지만 내가 우겨서 작은 것을 하나 장만했다.

식기 세척기가 들어오기 전까지는 설거지만 보면 한숨이 나왔는데, 이 기계가 생기니 설거지에 대한 부담도 덜었다.

친정엄마는 식기 세척기를 사 봤자 물만 많이 쓰고 결국엔 그

룻 꽂아두는 용도로 쓰일 것이라고 하셨다. 하지만 내가 쓰는 것을 보더니 요즘 제품들은 기름때도 잘 닦이고 세척도 금방 끝난다며 잘 샀다고 칭찬해주셨다.

쓰다 보니 큰 냄비도 세척 가능한 조금 더 큰 제품을 안 산 것이 후회될 정도다.

딱 하나, 로봇청소기는 사지 못했다. 자잘한 장난감들이 많고 아직 매트를 쓰다 보니 굴곡이 있으면 작동이 잘 안 된다는 말에 조금 더 구입 시기를 미루기로 했다.

대신 내 욕심을 줄였다. 조금 지저분해도 주말이 돼서 시간이 될 때 청소를 하고 완벽하게 하려고 하지 않는다.

먼지가 굴러다닐 만한 곳을 위주로 치우고 위험한 것들을 정리하는 수준으로만 관리한다. 이 모든 것은 내 마음을 내려놓았기 때문에 가능한 일들이었다.

아이도 잘 키우고, 집안일도 잘하고, 직장 일도 잘하기를 바라는 내 마음은 욕심이었다.

우리는 완벽할 수 없을 뿐 아니라, 완벽해지기 위해 애쓸 필요도 없다.

친정 부모님이나 시부모님의 도움, 혹은 티브이에 나오는 자상한 신랑이 내 집에 있다면 별다른 고민을 하지 않을 수도 있다. 하지만 주위에서 사람의 도움을 받을 수 없다면 가전제품의 도움을 받아보자.

가전제품을 살 여유가 없다고? 뭔가 더 잘하고 싶다는 내 마음이라도 내려놓길. 내 마음만 바꿔도 짜증이 줄어든다.

이왕 해야 하는 일이라면 즐겁고 덜 지치는 방법을 찾아보자.

집안일 적게 하는
미라클 루틴

집안일 적게 하는 루틴이 있을까?
답은 아주 간단하다. 내가 하지 않으면 된다.
사람이든 기계든 위임을 할 수 있는 환경으로 만들어야 한다.
위임을 잘 못하는 내 성격 때문에 집안일이 더 힘들었다.
기계들을 사용해보니 초기 구입비는 부담되지만,
한 번 사면 오래 사용하니 차라리 살 때
용량이 큰 것들을 장만하는 게 더 이득이다.
기계에 위임할 여유가 없다면 사람들을 이용하자.
아이들이 어릴 때는 도와달라고 부탁하지 않았는데,
아이들이 말을 알아들을 나이가 되면서는
칭찬 스티커를 이용해 도움을 받고 있다.
숟가락, 젓가락 세팅하면 칭찬 스티커 한 개,
장난감 정리하면 칭찬 스티커 한 개 등.
10개를 다 모으면 다이소에서 2,000원짜리
원하는 것을 한 개 사주는 식이다.
당신이 혼자 살든, 여러 명이 같이 살든
집안 경제의 경영자다.
경영자 마인드로 위임할 일은 위임하자.

집안일은 같이 하는 거라는데
우리 집은 왜 이럴까?

나는 신랑과 여섯 살 나이 차이가 난다. 처음에 신랑을 만났을 때는 유머도 가득하고, 즐거운 사람이라는 생각이 들었다. 나이 차이를 느낄 정도로 답답한 사람도 아니었고 가끔 엉뚱한 말을 해서 나를 웃겨주는 사람이었다.

연애하면서는 하루하루가 즐겁고 행복했다. 그래서 우리가 결혼하면 행복만 가득할 것이라 믿었다.

그런데 막상 결혼하니 연애와 결혼은 정말 다른 것이었다.

경상도 남자 특유의 무뚝뚝함이 한 번씩 나왔고, 어머님이 큰아들이라고 집안일은 한 번도 시킨 적이 없었기에 아무것도 할 줄 몰랐다.

밥을 차리면 숟가락 놓는 것부터 반찬 뚜껑 여는 것까지. 말을 해야 손이 움직이는 사람이었다. 정말 사소한 것들이라서 말하면

치사할 것 같고, 또 말을 안 하면 감정이 쌓이는 것들이 많았다.

우리는 맞벌이 부부이기 때문에 일도 같이 하니, 육아나 집안일도 같이 해야 하는 것이 맞다는 게 내 생각이었다.

하지만 규칙적인 업무 시간을 가진 나와 달리 신랑은 출퇴근 시간이 불규칙해서 대부분 늦게 왔고 가끔 일찍 와도 피곤하다는 이유로 집안일을 같이 하지 않았다.

최근에 티브이 프로그램을 보면 남자들도 집안일을 같이 한다. 집에서 육아만 하는 엄마들인데도 남편이 아이 키우느라 힘들다며 설거지며 청소를 하는 모습이 비쳤다. 물론 방송인만큼 평소에 하는 모습과 얼마나 같을지도 모르나, 그들은 집안일은 '돕는 것'이 아니라, '내 일이다' 라는 마음가짐으로 한다고 보였다. 적어도 티브이 속에서는 말이다.

남의 집 남자들은 다 그런데 정작 내 신랑은 늘 피곤하다는 말만 달고 살았다. 일도 하고 아이도 보고 집안일도 하다가 폭발하는 날이면 '결혼을 왜 했지?' 라는 원망이 스멀스멀 올라왔다.

나도 배울 만큼 배웠고 나름 우리 집의 귀한 딸이었는데 한 남자를 만나고 그 사람의 아내가 되어 아이 낳고 집안일을 하다 보니 도대체 나는 뭔가 싶었다.

나라는 존재가 도대체 어디 있지?

나는 누구인가? 여기는 어딘가?

신랑에 대한 실망감은 원망으로 이어졌다.

잦은 싸움이 일어났고 결론 없이 서로의 감정만 상한 채 하루를 마무리 지었다.

그런데 마음을 공부하다 보니, 내가 아니라 그 사람의 입장으로 우리 집 상황을 돌아봤다.

신랑 직장은 왕복 4시간이 걸리는 곳에 있다. 출퇴근이 두 시간 가까이 걸리니 늘 지친다는 말을 자주 한다. 두 시간 걸려 집에 왔을 때는 몹시 피곤했을 터였다.

우리는 집을 구할 때 선택을 해야 했다. 신랑과 나의 직장 중간쯤으로 집을 구할지, 아니면 아예 한 사람이라도 가까운 곳으로 이사할지.

결국, 아이들과 나를 위해 내 직장 근처로 이사를 왔기에 나는 걸어서 10분 거리의 직장을 다니고 있다.

늘 집안일은 '같이'를 외쳤지만 두 시간을 운전해서 왔을 신랑의 '피곤함'은 신경 쓰지 않았다. 내가 힘든 것만 보였고 나만 왜 이렇게 고생하냐고 내 입장만 고수했다.

상대가 어떤 상태인지 고민하기보다 나의 힘듦에만 집중했다. 내 마음을 바꾸지 않고 늘 불평과 불만을 터트리고 있었다.

그래서 내 마음을 바꾸고 집안일의 역할 분담에 대해 내려놓기를 했다. 내 남편은 집안일을 안 하는 사람이 아니라, 마음은 있어도 시간이 안 돼서 날 도와주지 못하는 사람으로.

신랑은 놔두면 알아서 하는 사람이 아니었다. 정확하게 이것, 저것을 하라고 이야기를 해주면 할 수 있는 사람인데 정작 내가 시킨 적도 없었다. (열 명이 모인 가족 모임에서 술 한 병 사 오라는 말을 듣고, 정말 딱 한 병만 사 온 사람이다!)

"설거지 좀 해줘"라고 했을 때 설거지를 안 한 적이 없었고, 분리수거도 내가 바깥에 내놓고 버려달라고 하면 버려줬다. 설거지도 놔두지 못해 내가 해치워버렸고, 분리수거도 못 참고 내가 버렸다. 해달라고 부탁한 적도 없이 정작 다해놓고 화를 낸 건 나였다.

지난날의 나는 제대로 집안일을 위임한 적도 없이 원망만 했다. 그래서 요즘은 크게 부담스럽지 않은 한도에서 적절하게 일을 위임하고 있다.

그리고 무엇보다 제일 중요한 것은 남의 집 남편과 내 신랑을 비교하지 않는 것이다!

나는 티브이 속에 나오는 남의 집 남자와 신랑을 비교했다. 누군가의 남편은 늘 나에게 좋은 남편으로 보이는 사람들이었다.

내 마음을 다지기 위해 감사 일기를 쓰고 필사를 하고, 글을 쓰지 않았다면 나는 상대의 나쁜 점만 찾고 있었을 것이다.

내가 하는 일상의 좋은 습관은 내 마음을 돌아보고 나 자신을 성찰하는 좋은 도구다.

누군가를 욕하거나 원망하는 마음이 든다면 자기 자신을 다시 돌아보자. 나는 바꿀 수 있지만 내가 남을 바꿀 수는 없다. 내가 그 사람을 보는 관점을 바꾸면 비로소 마음에 평화가 온다.

내 주위 사람을 바꾸려 하지 말고 나 스스로 조금 더 상대를 사랑의 마음으로 바라봐주자.

결혼하기 전까지는 이 사람 아니면 안 될 것 같더니,
결혼하고 나면 이 사람 때문에 죽겠다고 한다.
사람이 간사한 건지, 사랑이 변한 것인지 모르겠다.
서로를 탓하다 보면 상대방의 마음에 상처만 남긴다.
윤우상 저자의 《엄마 심리 수업 2》에 보면
아이의 좋은 점은 상대방을 닮았다고 칭찬해주고,
아이의 부족한 점은 나를 닮았다고 말하라고 한다.
잘된 일은 당신 탓, 조금 잘못된 일은 내 탓이라는 마음.
내 탓, 네 탓하지 말고 서로가 서로에게 가장 좋은 상대라고 믿자.
"다 당신 덕분입니다."
칭찬은 고래뿐 아니라 신랑이나 아내도 춤추게 한다.

10년 차
요리 초보 탈출기

그날은 내가 주말 근무가 있어서 오전까지 일하고 집에 들어
온 날이었다. 직장에서 일이 많아서 몹시 피곤했고 집에서는 점
심을 챙겨야 한다는 부담감이 있었다.

와서 보니 아이들도 신랑도 아침밥조차 먹지 않았다.

마음은 급한데 집에는 제대로 된 반찬이 없었다. 시켜 먹는 음
식을 안 좋아하는 신랑 때문에 배달음식은 안 될 것 같고 그냥
김이랑 달걀, 김치 등으로 간단히 점심을 먹을 생각이었다.

"오늘 점심은 그냥 간단히 먹자."

"나는 10년이나 간단히 먹었어!!!"

올해 결혼 10년 차.

생각 없이 꺼낸 한마디에 신랑은 몹시 흥분하며 자신은 10년
이나 간단하게 먹었다고 말하는데 가슴이 턱 막히고 너무나 당

황스러웠다.

내가 여태까지 했던 음식들이 그렇게나 간단했던 것인가.

사실 나는 약학대학에 다니기 전에 식품영양학과를 졸업했
다. 약대에 가고 싶은 마음도 없는데 아빠가 약대에 가라고 해
서 수능 특차 1지망은 약대, 2지망은 옆에 친구가 가고 싶다던
식품영양학과를 썼다. 식품영양학과가 어떤 걸 배우는 과인지
도 몰랐지만 옆 친구가 좋다는 말에 특차 2지망 칸을 빈칸으로
두기 싫어서 채웠다.

그리고 1지망에 보기 좋게 떨어지고 2지망 식품영양학과에
합격했다. 그 당시 수능 특차는 합격하면 무조건 본 고사를 칠
수 없어서 식품영양학과를 안 가면 재수를 해야 하는 상황이었
다. 그러니 다시 약대에 가거나 다른 전공을 공부하려면 재수를
해야 했다. 그냥 빈칸으로 남겨 둘 걸 내가 왜 그랬을까 후회가
밀려왔다.

집에서는 재수에 들어갈 돈은 없으니 무조건 학교에 다니다
가 취직이나 하라고 하셨다. 어차피 성적우수 장학금을 받고 들
어가니, 다니면서 다른 공부를 해도 괜찮은 조건이었다.

그런데 막상 학교에 들어가서는 과 공부가 꽤 재미있었다. 그
학교의 대학원까지 마친 걸 보면 나는 영양학이란 분야가 무척
좋았다.

식품영양학과는 학교에서 조별로 요리를 하는 실습도 당연히 있었다. 깍두기 담그기, 탕평채, 나물 만들기 등등.

다들 어디서든 식품영양학과를 졸업했다고 하면 요리를 잘 만들 것 같다고 요리 솜씨를 궁금해했다.

하지만 학교 다니는 내내 요리에 관심이 없었다. 전공도 영양학 쪽으로 했고 실습할 때 나의 주 역할은 설거지 담당이었다.

그렇게 졸업을 했고 영양사 자격증을 땄으며, 요리에 더 관심이 있는 친구들은 조리사 자격증을 따기도 했다.

학과 졸업 후 사회에서 만난 사람들은 내가 식품영양학과를 나왔다고 하면 "요리 잘하시겠네요"라며 편견에 사로잡힌 질문들을 많이 했다. 그럴 때마다 요리에 관심도 없고 잘하지도 못했기 때문에 웃으며 얼버무리는 행동을 취했다. 그래서 다시 약학대학에 간 후에는 그 질문을 받지 않아서 좋았다. 전적 대학 이야기는 웬만하면 하지 않았다. 나에게 있어서 요리란 도전해야 할 과제 같은 것이었다.

결혼 후 신혼 초에는 요리책을 사서 새로운 요리에 도전했다. 남들은 30분 걸린다는 요리를 낑낑대며 한 시간씩 했는데 퇴근 후 지친 몸을 이끌고 요리를 하는게 쉽지 않았다. 이상하게도 요리책에 쓰여 있는 그대로 했는데도 내가 하면 그 맛이 안 났다.

그러니 신랑도 잘 안 먹고, 들인 노력에 비해 결과가 적으니 안 그래도 관심이 없는 요리는 더 이상 늘지 않았다.

그런 상태로 아이들이 태어나면서는 진짜 반찬을 할 시간이 생기지 않았고 친정엄마한테서 받는 밑반찬으로 끼니를 때웠다.

물론 몇 번 반찬을 사봤는데 맛있지도 않고 아이들과 같이 먹기에 양도 적었다.

나의 요리 생활은 총체적 난국을 맞았다. 집에 고기 하나만 있어도 밥을 먹는다는 사람도 있고 사 온 반찬으로 잘 먹는다는 사람도 있다. 우리 식구들은 사 온 반찬을 잘 안 먹었다. 심지어 다들 시켜 먹는 것도 싫어하니 내 요리 실력이 늘지 않는 한 탈출구가 없어 보였다.

그렇게 답답하게 시간이 흐르고 다시 돌아온 주말, 신랑이 말했다.

"내가 김치볶음밥 먹고 싶으니까 만들어볼게."

재료를 사와 요리를 시작하는 신랑을 보니 처음 요리하는 사람의 모습이 아니었다. 내가 하는 것보다 칼질도 잘하고 무엇보다 맛도 좋았다.

남편이 직접 차려준 김치볶음밥은 그 어느 식사보다 맛있었다.

그래서 요즘은 바쁜 신랑이 조금 한가한 주말에 콩나물국도

끓이고 김치볶음밥도 해준다.

유명한 쉐프들이 왜 남자인지 알 것 같은 느낌이랄까.

요리는 손맛이라는데 내 손맛보다 신랑 손맛이 더 좋다는 사실을 발견했다!

결국, 나는 요리 초보 탈출에 실패했다.

그렇지만 신랑이 요리 솜씨가 있다는 사실을 발견해서 기쁘고, 아무것도 할 줄 모른다던 그 사람도 조금씩 바뀌고 있다는 게 감사하다. 나도 요즘은 한두 가지 요리를 만들어보고 조금씩 요리에 관심을 가져보고 있다.

무엇이든 가장 중요한 것은 그 일에 관심을 갖는 것부터 시작해야 한다.

일이 바빠서, 아이 돌보느라, 집안일 해야 하니까, 라는 변명 뒤에 숨어서 자기합리화를 하려 했던 건 아닌지 나 스스로를 돌아볼 수 있는 시간이었다.

건강한 집밥이 별거냐!

요리를 조금이라도 잘하는 사람, 재미있게 하는 사람이 하면 가정에도 평화가 찾아온다.

나와 우리 가정은 날마다 모든 면에서 점점 더 나아지고 있다!

이상하다. 같은 레시피를 가지고 요리를 하는데
무엇인가 맛이 부족하다.
우리나라 요리법에는 '적당히' 라는 말이 많이 들어간다.
계량화되지 않은 레시피는
나같은 요리 초보를 당황스럽게 한다.
자꾸 해봐야 늘지만 그럴 시간도 없다면,
상대방의 숨은 재능을 살려주자.
요리를 재미있게 생각하고 잘하는 사람이
하는 것이 서로를 위해 좋다.
그런데 상대방도 재능이 없다면?
요즘은 간편식이나 밀키트도 너무 잘 나왔다.
매일 간편식, 밀키트를 사 먹는 것은 아니니
적당히 융통성을 발휘하자.
CEO suite 김은미 대표님처럼
바빠서 요리를 못 할 것 같은 분도,
코로나 시국에 요리하며 힐링을 하고 계시다.
심지어 페이스북에 올렸던 요리로
《Mee Kim의 후다닥 요리》라는 비매품 책도 만드셨다.
오늘도 된장찌개를 끓였는데 된장국이 됐지만,
나도 언젠가는 요리가 제일 쉬웠다고 말할 수 있으리라.

부부는 최고의
마스터 마인드 그룹

　'마스터 마인드 그룹'이란 명확한 목표를 달성하기 위해 두 명 이상의 사람들이 지식과 노력을 조화롭게 공유하는 것이다. 이 그룹에서는 누군가에게 도움을 주기도 하고 누군가로부터 도움을 받기도 하면서 서로를 성장시킨다.

　'마스터 마인드'란 단어를 처음 알고 나서, 나는 주로 어떤 사람들과 어울리고 있는지 생각해 보았다. 대학 친구나 중고등학교 시절 친구들은 서로 아이를 키우느라 만나지 못하고 있다. 그나마 내가 가장 잘 만나는 사람들은 '가족'과 '직장 동료' 뿐이다.
　그중 직장 동료들과는 일적으로 도움을 주고받지, 서로를 성장시키고 있다는 생각은 들지 않았다.
　가장 깊이 사랑하는 사람과 마스터 마인드 그룹을 형성하면 그것이 가장 중요한 의미의 마스터 마인드다.

그런 의미에서 결혼 생활을 시작하면서 '가족과 마스터 마인드 그룹'을 형성하는 것이 대단히 중요하다. 가족 전체가 마스터 마인드 연합으로 뭉친다면 어떤 그룹보다 시너지가 크다.

결혼하고 보니, '연애할 때의 신랑'과 '결혼 후의 신랑'은 전혀 다른 사람이었다. 결혼 후 1년은 서로 다른 집안 분위기를 맞추는 일이 무엇보다 어려웠다. 결혼이란 당사자 두 명만이 중요한 게 아니라 서로의 집안 분위기도 알아야 하는 것이었다.

처음 신랑 집이 제사를 지낸다고 했을 때, 간소하게 지내는 우리 친정 쪽 제사만 생각했다. 그런데 막상 결혼 후 처음 맞이한 시댁 제사는 내가 상상한 것 이상으로 규모가 컸다.

결혼 후 5년은 신혼 때 장만한 한복을 제사 때마다 입었다. 설, 추석 차례를 포함해서 1년에 네 번쯤 제사를 지냈는데 그때마다 아이들이 몇 개월이 되었든 다 같이 5시간 거리의 시댁에 내려갔다.

우리 자매는 본가에 모여 간단히 저녁만 먹고 일어나는 집이지만 시댁 식구들은 꼭 밤을 새워 어울리며 형제들끼리 대화를 중요하게 생각하는 문화였다.

사실 나는 여러 명과 어울리는 것보다 친한 몇 명과 어울리는 것을 좋아해서, 여러 명이 모여 시간을 보내는 일이 참 힘들었다.

우리의 결혼 후 초기 몇 년은 정말 서로가 서로에게 맞추고 양쪽 집안 분위기에 적응하는 시간이었다.

그렇게 세월이 흘러 어느새 결혼 10년 차가 되고 보니, 시댁 식구들의 여럿이 모이는 분위기가 힘들면 나는 먼저 일어나서 나오기도 한다.

뾰족하던 돌의 끝이 갈리고 뭉툭해지듯 우리는 서로에게 적응하고 있다.

2019년부터 시작된 아침 기상, 긍정 확언, 스트레칭과 명상, 감사 일기, 독서와 필사, 글쓰기, 걷기 등 나를 위한 일상의 작은 루틴들이 나를 변화시켰다.

그런데 나를 제외한 다른 사람을 변화시키려고 노력해보니 그 일이 제일 어려웠다.

연애할 때는 상대가 마음에 안 들고 부족해 보이면 다른 사람을 만나도 된다. 하지만 결혼을 하고 이미 아이까지 있다면 다시 원점으로 되돌리기가 쉽지 않다. 고쳐 쓸 수 있으면 좋으련만 사람은 쉽게 안 변한다.

나도 신랑을 바꿔 보려고 몇 번 시도했지만 그럴 때마다 번번이 상처받았다. 나는 이 문제에 대해 많은 고민을 했고 멘토에게 조언도 구했다.

멘토님의 답은 명확했다. 내가 바뀌는 모습을 보여주고 상대가 '저 사람도 저렇게 바뀔 수 있구나' 라고 스스로 깨달아야 한다. 그 깨달음을 바탕으로 스스로 변하기로 결심하는 순간 그 사람이 변할 수 있다고.

스스로 변화하고자 하는 결정을 내린 게 아니라면, 나 혼자서 누군가를 바꿀 수 없다는 것을.

나 혼자 아무리 마음에 관해 공부하고 평점심을 얻어도, 집에서 가족 구성원들의 협조가 없다면 그 모든 것들이 소용없었다.

나는 혼자 사는 사람이 아니기 때문이다.

그냥 내 마음을 바꾸는 일이 가장 쉽고 효과도 좋다. 내가 받고 싶은 것만큼 당신의 상대에게도 잘 대접해 줘라. 당신의 노력은 반드시 보상 받는다.

내 신랑도 많이 바뀌었다. 내가 바뀌는 모습을 보여주니 서서히 변하는 중이다. 예전에 내가 무엇인가를 한다고 하면 '네가 무슨'이라고 생각하던 사람이 지금은 내 편이 되어 나를 도와주려고 애쓴다.

나는 최근 들어 신랑에게 나의 꿈과 앞으로 우리 가족이 나아갈 방향을 더 많이 이야기하고 있다.

문제란 쉴 새 없이 나타난다. 예전에는 일상적인 대화나 아이들에 대한 고민만 상의했다. 그렇게 함으로써 당장 눈앞에 주어진 문제만 극복하려고 애썼다. 우리 가족 삶의 전체적인 그림을 그리고 앞으로 나가기 위해 협력한 것이 아니고, 각자 하고 싶은 말만 했다.

지금은 우리 삶을 어떻게 꾸려갈지 자주 대화하는 시간을 갖는다.

결혼을 하고 제일 나쁜 마음은 나만 손해 보지 않으려는 마음이다. 나도 한때 '내가 이 정도 했으면 너도 이 정도 해줘야지' 라고 생각했다. 내가 원하는 만큼 감정적으로 만족을 느끼지 못하면, 상대에 대해 계속 섭섭하고 서운한 감정이 가득했다.

결국은 내가 좀 더 주고, 좀 더 참으려고 노력했고 그렇게 삶을 가꿔 나가고 있다. 나도 받기만 하려는 마음에서 주고자 하는 마음으로 내 마음을 바꿨다.

'황금률'이란 자신이 남에게 대접받고 싶은 대로 남에게 대접해 주는 것이다. 나 스스로 물어보자. 나도 받으려고만 한 건 아닌지, 내가 누군가에게 더 주려고 하는 마음은 없는지.

그러니 빨리 포기하지 말자. 변화의 속도가 느리다고 불평하거나 실망하지 말자. 내 마음을 내려놓자.

시간이 걸리더라도 이 마음만 잊지 말자.

천천히 꾸준히.

최고의 마스터 마인드 그룹 부부의 행복을 응원한다!

연애 때에는 서로에게만 집중하던 순간들이,
아이가 태어나면서 어느새 아이 중심 생활로 바뀌게 된다.
이때부터 조금씩 부부 사이에 골이 깊어진다.
아무리 아이가 이뻐도 배우자를 빼놓고는 가정이 잘 돌아가지 않는다.
가정의 중심은 부부가 되어야 한다.
우리는 매주 하루는 부부의 시간을 가지려고 노력한다.
주말 하루 중 몇 시간이라도 친정 부모님께 아이들을 맡기고
둘이서 커피도 마시고 산책 시간을 갖는다.
신랑이 늦게 출근할 일이 있을 때는 점심시간을 같이 한다.
아이가 더 크다면 아이들만 두고 부부가 데이트할 시간도 생길 것이다.
아이들에게 공을 들이는 시간만큼 내 상대방에게도 공을 들이자.
결국 아이들이 독립하고 내 옆에 끝까지 남을 사람은
당신 옆에 있는 그 사람이다.

비우기와 청소로
마음의 에너지 바꾸기

나는 예전부터 깔끔한 것을 좋아했다. 청소를 잘한다기보다 정리를 잘했다고 보는 게 맞다. 책상 위에 쌓인 것들은 바로 책꽂이에 넣고, 밖으로 나온 물건은 안에 넣어서 늘 깨끗하게 정리하는 것이 좋았다.

그런데 20대의 어느 순간, 정리와 깨끗함에 대한 나의 집착은 손씻기 강박으로 변질되었다. 문 손잡이를 잡고 나면 손을 정확히 세 번 씻었다. 무엇이든 만지고 나면 손을 씻어야 해서 손이 늘 거칠었다. 가끔 바빠서 손을 씻다가 몇 번 씻었는지 기억이 안 나면 화가 났고 마음 상태는 늘 불안했다.

한동안 그런 상태를 지속하다가 어느 순간 나 스스로 이상한 행동을 취하고 있다는 사실을 깨달았다. 조금씩 고쳤고 그 이후로 손씻기 강박은 사라졌다.

이런 내가 결혼을 하고 보니 신랑은 "무엇이든 몰아서 해야 효율적이다"라고 주장하는 사람이었다. 책상 위가 지저분해도 한꺼번에 치우는 게 효율적이라고 치우지 못하게 하고 (나중에 한꺼번에 치우면 된다는 논리), 물 마신 컵도 한꺼번에 씻으면 되니 테이블 위에 그대로 쓴다며 놔두라는 사람이었다.

내가 눈에 보이는 컵을 재빨리 씻어두면 고맙다는 말보다는 나중에도 마실 건데 굳이 왜 컵을 치웠냐는 핀잔만 돌아왔다.

하지만 내 마음이 편하려고 꿋꿋하게 컵을 씻었다. 무엇인가 지저분해 보이는 것을 볼 때, 마음이 쓰이는 사람은 나였기 때문에 언제나 정리나 청소는 내 담당이었다. 그래도 둘만 있을 때는 큰 불만이 없었다.

나만 조금 부지런하면 치우기는 금방 되었기 때문이다.

문제는 아이가 태어나면서였다. 아이들은 늘 흘리고, 쏟고, 정리된 것들을 어지르는데 선수였다.

내가 장난감을 많이 사주지 않아도 주변에서 자꾸 장난감 선물이 들어왔다. 아이들은 아주 잠깐 새 장난감에 관심을 보이다가도 다른 장난감을 가지고 놀았다. 그래서 원래 것을 한쪽으로 치우고 정리가 되면 다른 반대편에서 다른 장난감을 또 쏟아부었다.

충분히 놀게 하고 "이제 엄마 이거 치울 거야!" 외치고 거실 정리를 하고 나면, 부엌에서 이미 그림을 그려 난장판을 만들어 놓는 식이었다.

또 아이들과 밥을 먹기만 했는데도 식탁 위, 아래 바닥은 밥풀과 떨어진 반찬으로 가득했다. 아이들은 흘리고 나는 치우는 상황이 반복되니 지치는 일이 반복되었다.

아침에 출근해 퇴근 후 아이들을 돌보고 밥을 먹이고 씻긴 후 재우면 하루가 가니 그나마 잘하던 집 청소도 못 했고 집안은 늘 엉망이었다.

엉망인 집처럼 내 기분도 늘 엉망이었다. 지저분한 집을 보면 쉬고 싶지만, 기분이 우울했다.

그러다가 마쓰다 미스히로라는 사람이 쓴 《청소력》이라는 책을 읽었다. 청소로 자장이 바뀐다면서 청소의 중요성을 강조했다. 저자는 청소를 통해 변화된 삶을 사는 사람이었다.

책을 읽고 청소의 중요성은 알고 있었지만 내 삶에 적용은 먼 산처럼 느껴졌다. 아직 아이가 어린 나한테는 '그림의 떡' 일 뿐이라는 생각이 강했다.

그런데 그 책에서 말한 것 중 두 가지는 할 수 있을 것 같았다.

바로 환기와 화장실 청소!

아침 시간은 출근 준비에 바빠 환기를 할 시간이 없었다. 하지만 저녁에 퇴근하고 돌아와 바로 환기를 하고 나면 기분도 상쾌하고 집안 공기의 흐름이 바뀌는 느낌이 들어서 기분이 좋아졌다.

또 금전운을 살리려면 화장실 청소를 하라는 말에, 아이들을 다 씻긴 후 내가 샤워를 마치면 화장실 구석구석을 치우기 시작했다.

워킹맘은 시간을 따로내기 쉽지 않기 때문에 이렇게 짬짬이 시간을 활용하지 않으면 마음을 먹다가도 쉽게 포기한다.

"나는 선한 부자다" 라는 긍정 확언과 화장실 청소 덕분인지 내 금전운은 분명 나아졌다.

빚도 갚았고 소소한 선물 이벤트도 자주 당첨되며 깨달은 것은, 무엇이든 일단 해봐야 좋은지 나쁜지 결과를 알 수 있다는 것이다.

또 숙제처럼 느껴진 집안 청소는 주말에 조금씩 했지만, 그마저도 피곤한 주말에는 청소 대신 정리라도 했다. 아이들이 어릴 때는 전체 공간의 정리는 불가능해서 우리가 주로 더 자주 시간을 보내는 작은 방이나 거실을 위주로 조금씩 정리했다.

책이 있는 방은 책이나 서류를 조금씩 정리했고, 자는 방은 자는 방 이불이라도 조금씩 정리하는 등 작게, 지금 시작할 수 있는 일 위주로 비움을 실천했다.

또 아이들이 점점 크니 '자기가 가지고 논 장난감이나 물건은 자기가 정리하자' 라는 것을 계속 강조했다. 아이들이 9살, 6살이 된 지금은 예전보다 정리도 잘하고 같이 치우니 내가 혼자 정리나 청소로 받던 스트레스도 훨씬 덜해졌다.

나는 청소 혹은 정리가 안 된 집을 보고 아이들을 늘 달달 볶고 닦달하며, 부정적인 에너지에 내 마음의 주파수를 맞췄다.

일도 하면서 청소나 정리를 완벽하게 하려는 것은 일하는 엄마에게는 욕심이다. 각종 SNS나 인터넷에 올라온 예쁜 집들을 보면 늘 부럽고 지저분한 우리 집과 비교하고 있었다.

내가 깨달은 것은, 자신의 위치에서 할 수 있는 한두 가지부터 일단 시작하라는 것이다.

갑자기 청소나 정리, 비움을 하겠다고 날을 잡아서 하지 말고 생각날 때 혹은 눈에 보일 때 하나씩이라도 하면 훨씬 쉽다.

'해야지' 라는 부담감에서 벗어나야 무엇이든 시작도 할 수 있다. 오늘도 무엇인가 망설이고 있다면 그 자리에서 할 수 있는 정리, 비움이라도 하나 실천해보길 바란다.

정 하기 힘들다면 지금 당장 '환기'만이라도 말이다.
오늘 마음의 에너지가 분명 달라질 것이다.

인생약사가 드리는 **마음 처방전**

교부 번호	**마음 처방전 8**			명칭	마음 약국
환자	성명		의료기관	전화번호	000-0000
	주민등록 번호			이메일주소	
질병분류기호	**어지러운 마음**	처방 발행인	인생약사 염혜진	면허번호	00000
처방 약품의 명칭	1회 투약량		1일 투여 횟수	총 투약일수	용법
비우기와 청소	**한 번에 하나씩**		**매일 1회 이상**	**평생**	**눈에 보일 때 실천**
사용 기간	**교부일로부터 평생**		**사용 기간 내내 꾸준히 환기와 정리하는 습관을 들입니다.**		

하와이 사람들의 정화법: 호오포노포노

"감사합니다."
"사랑합니다."
"미안합니다."
"용서해주세요."

나는 감정이 격해지거나, 갑자기 화가 날 때, 혹은 시간의 틈새에 이 네 마디를 늘 읊조린다.

이 네 마디는 하와이에서 처음 건너왔다. 이것을 '호오포노포노'라고 한다.

호오포노포노는 간단히 말해 '바로 잡다' 혹은 '오류를 수정하다'를 뜻한다. 호오(Ho'o)는 하와이 말로 '원인'이라는 뜻이고, 포노포노(ponopono)는 '완벽함'을 뜻한다.

고대 하와이인들에 의하면 오류는 과거의 고통스러운 기억들로 얼룩진 생각에서 비롯된다고 한다. 그래서 호오포노포노는 불균형과 질병을 유발하는 이런 고통스러운 생각들, 즉 오류의 에너지를 방출하는 방법이다.

이 참신한 치유 과정은 하와이 주술사 모르나로부터 창안되어 내가 읽었던《zero limits (호오포노포노의 비밀)》이라는 책을 지은 휴렌 박사에게 전수되었다.

방법은 간단하다.

나의 내면, 신성에 이 말을 반복하는 것이다. (순서는 크게 상관 없다)

"감사합니다."
"사랑합니다."
"용서해주세요."
"미안합니다."

10년 전쯤《시크릿》이라는 책과 영화에 관심 있던 시기에,《호오포노포노》라는 용어를 처음 들었다. 그래서 호오포노포노와 관계된 책을 여러 권 샀고 책장에 책을 고이 모셔두기만 했다.

어렴풋이 기억에, '뭐 이런 걸 해보라는 책이 다 있냐?' 라고 생각하고 책장에 책을 넣어두었다.

아주 우연하게도 이 책들을 다시 집어 든 것은 어쩌면 나에게는 필연이었는지 모른다. 마음에 관한 공부를 하면서 계속 생기는 의문이 있었기 때문이다.

아무리 내가 자기 긍정 확언을 하고 아침 시간을 활용해 책을 읽고 실천을 해도 뭔가 계속 문제가 생기고, 마음이 흔들리는 날은 어김없이 내면에서 목소리가 들렸다.

"네가 그런다고 그 일이 될 것 같아?"

새벽에 일어나서 이 목소리를 들었던 첫날은 소스라치게 놀랐다.

내 잠재의식 속에 '부정 덩어리인 나'는 머릿속에 아직도 건재하게 존재하고 있었다. 내가 '나는 부자다' 라고 아무리 외쳐도 잠재의식 깊은 곳에 부정 덩어리 나는 '네가 그런다고 되겠냐'는 의문사를 계속 날렸다.

그렇게 듣고 나면 내가 하는 모든 행동이 의미 없어 보였다. 혼자서 아등바등하면서 살아 본들 달라지지 않을 텐데 내가 왜 이러고 있는지 회의감이 밀려왔다.

그러니 아무리 플러스의 에너지를 준다 한들, 마이너스 에너지가 강해서 결론적으로는 드러나는 결과가 예전과 크게 달라지지 않았다.

마치 차를 운전하기 위해 액셀러레이터를 밟고 동시에 브레

이크를 누르고 있는 느낌이라고나 할까?

앞으로 나가려고 발버둥 쳐도 계속 제자리인 느낌이 너무 싫었다.

그래서 갑자기 눈에 띈《호오포노포노》관련 책들을 다시 꺼내서 읽어보게 되었다.

호오포노포노에서 말하는 '정화'라는 것은 내 마음속에 있는 과거의 기억을 지워 나가는 과정이다.

이런 정화를 통해 내 마음이 제로 상태일 때 창조가 일어난다. 이때를 우리는 '영감'을 얻는다고 한다.

문제가 늘 생기는 이유는 우리 내면의 기억이 재생 반복되기 때문이다. 우리의 선택은 딱 두 가지다. 정화하지 않고 기억으로 살 것인가, 정화로 기억을 지우고 영감으로 가득 찬 삶을 살 겄인가.

책을 읽고 바로 깨달았다.

내 마음은 과거의 기억을 계속 재생하고 있어서 어떤 새로운 것도 받아들이지 않고 있다는 것을.

자꾸 과거에 했던 실패의 기억을 반복하며 이번에도 실패할 것이라는 믿음을 만들어가고 있었다.

그러니 늘 제자리였다. 발전도 없었다.

깨달은 바로 그날부터 내 행동에 또 다른 변화를 주었다.

길을 걷는 중에도 쉴 새 없이 내 머릿속에는 기억들이 춤을 춘다. 과거에 내가 했던 창피한 행동들, 누군가 때문에 힘들었던 기억 등 수시로 올라오는 부정적인 감정이 나를 누를 때가 있다.

이런 기억이 떠오르면 위의 네 가지 문구를 마음속으로 계속 되뇐다. 어느 순간이 되면 내가 하는 말에 집중하게 돼서 기억들이 머릿속으로 들어올 틈이 없다.

또 아침에 스트레칭을 할 때 방법도 바꾸었다. 예전에 스트레칭을 할 때는 '하나, 둘, 셋, 넷'이라는 구령을 붙였다.

하지만 지금은 '감사합니다. 사랑합니다. 미안합니다. 용서해주세요'를 이용해 구령처럼 이용한다.

이러한 호오포노포노를 통해 생긴 또 다른 변화는 나 아닌 다른 사람을 변하게 하고 싶었던 내 욕구를 멈출 수 있게 된 것이다.

매사에 늘 의욕이 없는 신랑을 보면서 도대체 왜 하고 싶은 것도 없고, 하고자 하는게 없는지 궁금했다.

신랑을 의지가 가득 차고 열정적인 사람으로 바꾸고 싶었다. 물론 내 말을 잘 듣지도 않는 사람이라서 큰 기대도 없었다.

호오포노포노가 말하는 진리는 단순하다. 그들을 바꾸거나 강요하지 말아라. 그냥 나 자신을 호오포노포노로 정화하라.

그냥 계속 '감사합니다' '사랑합니다' '미안합니다' '용서해주세요' 라고 내 내면의 신성에 말을 거는 것이다.

그런데 놀랍게도 내가 호오포노포노를 실천한 지 두 달쯤부터 서서히 신랑에게 변화가 나타났다. 하고 싶은 일이 생겨 대학원도 등록했고 내가 하는 일도 점점 지지하게 되었다. 이 놀라운 변화가 나를 자극하고 내 신념을 더 강화했다.

당신 주위에도 분명히 영원히 바뀔 것 같지 않은 사람, 꿈의 에너지 킬러가 있을 것이다.

그 사람을 바꾸려 하지 말아라. 당신을 바꿔라. 당신을 정화해라.

정화는 쉴 새 없이 일어나야 한다.

생각날 때 수시로 반복하는 것이 중요하다.

조성희 대표님의 《더 플러스》 책에 나오는 '천 번 씨부리기'처럼 틈틈이 나는 저 네 가지 문장을 마음속으로 주문처럼 중얼거린다.

내가 말한 모든 일상을 바꾸는 좋은 루틴을 계속 실천하는데도 뭔가 막히고 답답한 느낌이 든다면 자신 스스로를 정화해보자.

"감사합니다."
"사랑합니다."

"미안합니다."
"용서해주세요."

당신 내면은 정화될 수 있다.
나를 바꿀 수 있는 것은 나 자신뿐이다.

인생약사가 드리는 **마음 처방전**

교부 번호	**마음 처방전 9**			명칭	마음 약국
환자	성명		의료기관	전화번호	000-0000
	주민등록 번호			이메일주소	
질병분류기호	**부정적인 생각, 감정**	처방 발행인	인생약사 염혜진	면허번호	00000
처방 약품의 명칭	1회 투약량		1일 투여 횟수	총 투약일수	용법
<u>호오포노포노</u>	감사합니다 사랑합니다 미안합니다 용서해주세요		틈틈이	평생	수시로
사용 기간	교부일로부터 평생		**사용 기간 내내 꾸준히 자신을 돌아보며 네 가지 문장을 통해 <u>스스로</u>를 정화합니다.**		

비워야 채우고,
멈춰야 달릴 수 있다

마음이 편안해지고 좋은 일이 가득 일어난다.
'역시 난 틀리지 않았어. 지금처럼만 하면 된다고.'
그런데 잠시 후 또 새로운 걱정거리가 생긴다.
'나 과연 잘하고 있는 걸까?'

좋은 일이 생기면 다 내가 잘해서 그런 것이고, 나쁜 일이 생기면 세상이 잘못되어 나를 힘들게 한다고 생각하던 시절이 있었다. 물론 지금도 부정적인 감정에 사로잡히면 그런 감정이 불쑥불쑥 올라온다. 예전과 다른 점은 회복 탄력성이 빨라져서 그 감정에 매몰되지 않는다는 것이다.

인생을 살다 보면 좋은 일도 있고, 나쁜 일도 있게 마련이다.

지나고 보면 별거 아니었던 일도 그 당시는 참 힘이 들었다. 내 일보다 아이들이나 가족이 관계된 일이면 더 아팠다. 아이 대신 내가 아프거나, 신랑 대신 내가 힘들고 싶을 만큼 말이다.

누군가를 도와주기에는 힘도 없었고 불평 많은 나를 바꾸고 싶었다. 여기 소개한 9가지 마음 처방전이라 부르는 것들을 꾸준히 실천한 것도 어제와 같은 삶을 살고 싶지 않았기 때문이다.

초기에는 내가 정한 루틴인데도 실천을 안 하면 큰일이라도 날 것처럼 철저히 지켰다. 해외로 가족 여행을 가서도 화장실 불을 켜고 혼자 필사를 했다. 호텔방 바닥에서 스트레칭도 했다. 몸이 안 좋은 날도 일찍 일어나겠다며 아픈 몸을 이끌고 일어나 내가 정한 루틴을 완수했다. 잠을 줄여가며 작은 성취가 이루어지는 기쁨을 만끽했다.

누가 시킨 것도 아닌데 나 혼자 스스로 엄격했다. 바뀌고 싶은 간절함이 나를 극한으로 몰았다.

그러다가 작년 하반기에 극심한 두통과 울렁거림이 반복되었다. 주기도 없이 갑자기 찾아오는 고통은 거의 한 달에 한 번씩 내 일상을 멈추게 했다. 6개월쯤 돼서 여러 진료과를 전전하며 다양한 검사를 했지만, 원인은 밝혀내지 못했다. 결국, 현대의학에서 제일 흔히 갖다 붙이는 병명, 스트레스가 내 아픔의 원인이라고 하였다.

그래서 잠시 달리던 내 삶을 되돌아봤다. 40년 넘게 멈춰 있었던 내 삶이 억울해서 나를 극한으로 몰면서 횟수로 3년 가까이 죽어라 달리기만 해왔다는 것을 깨달았다.

나는 나에게 너무 가혹했다. 아프면서 깨달았다.

지금도 새벽 기상을 하지만 예전보다 잠도 조금 더 자고, 컨디션에 따라서 어떤 날은 명상을 짧게 한다든가 어떤 날은 만 보를 채우지 않는다. 내가 적은 마음 처방전과 루틴은 꾸준히 평소에 실천하려고 정한 것이다.

앞으로 평생을 살면서 지키고 싶은 것들인데 자꾸 눈앞에 보이는 결과들이 나오니 욕심이 나서 무리하고 말았다.

욕심을 내려놓으며 아무리 좋은 것도 과하게 서두르면 안 된다는 걸 몸소 알게 되었다.

인생은 단거리 달리기 경주가 아니다. 인생은 마라톤과 같아서 속도 조절 또한 중요하다.

그러니 당장 나 스스로를 바꾸고 싶다면 좋은 습관, 좋은 루틴을 꾸준히 반복하자. 단 무리하지 말고 조금씩 하는 것이다.

한 가지만 변해도 인생이 조금씩 바뀐다. 한 가지가 익숙해지면 다른 좋은 습관을 덧붙이는 것이다. 한꺼번에 다 하려고도 하지 말자.

나는 어떤 좋은 습관을 시작할 때 '이 루틴을 평생 할 수 있는가?'를 생각한다. 그러니 속도가 아니라 방향을 보고 시작하길 바란다.

마음속에 욕심이 채워지는 것도 경계해야 한다. 조금씩 삶에 변화가 보이면 이것도 하고 싶고 저것도 하고 싶은 마음에 몸이 바빠질 수 있다. 그러다 보면 어느 순간 내면이 아니라 바깥을 보고 있는 나를 발견하게 된다.

생활을 단순하게 하고 루틴하게 반복하되, 새로운 일을 시작할 때는 딱 하나만 기억한다.

'이것은 내가 원하는 목표, 꿈을 이루기 위해 꼭 필요한 일인가?'

내 기준에 맞는다면 그 일을 한다. 아니면 그 일은 포기한다.

내 에너지를 여러 곳에 분산하지 말고 내 꿈을 이루기 위해 뾰족하게 사용하자. 머릿속을 비워야 내가 원하는 꿈으로 채워진다. 비워야 채울 수 있고, 멈춰야 달릴 수 있다.

우리는 결국 우리가 원하는 곳으로 갈 것이다. 지금 답답하고 안 되는 것 같은 일들도 작은 반복을 통해 꾸준히만 한다면 그곳에 반드시 도착한다.

욕심을 비우고, 나만의 속도로 내 길을 가자.

나도 지금 길 위에 있다. 가끔 막막하다. 제대로 가는지 헤맬
때도 많다.

그래도 나는 안다. 나는 나를 믿기 때문이다.

'내 삶의 주인공은 나' 라는 믿음으로 꾸준하되, 멈추지 않는
'빠른 달팽이'로 살자.

응원합니다! 당신의 삶, 당신의 인생을.

❀ Thanks To:

책이 나오기까지 용기와 사랑을 준 모든 분들께 감사드립니다.

뵙자마자 무조건 이 분과 책을 내고 싶다는 두근거림을 준 더블엔 송현옥 대표님, 마인드파워로 내 안의 잠재력을 끌어내 도록 도와준 조성희 대표님, 마인드파워 코치 동기님들, '인생약 사' 닉네임을 만들어주신 송수용 대표님, 육아서를 잘 안 믿는 내가 믿고 있는 단 한 명의 육아 코치 김연수 대표님.

이름도 생소한 모임에 들어와 나를 믿고 같이 번영하고 계신 '인생 번영회' 회원님들, 회사 다니는 재미를 주는 '약수저' 회원 들, 늘 그리운 '옹달샘' 모임 친구들.

무엇보다, 책을 쓰는 동안 배려해준 존경하는 나의 부모님과 어머님, 사랑하는 남편 태석 씨, 애교쟁이 나윤, 도윤이에게 사 랑을 보냅니다.